रेख़्ते के बीज

और अन्य कविताएँ

[1990-2020]

रेख़्ते के बीज
और अन्य कविताएँ
[1990-2020]

कृष्ण कल्पित

राजकमल प्रकाशन

ISBN : 978-93-93768-38-4

मूल्य : ₹695

पहला संस्करण : 2022

प्रकाशक : राजकमल प्रकाशन प्रा. लि.
1-बी, नेताजी सुभाष मार्ग, दरियागंज
नई दिल्ली-110 002
शाखाएँ : अशोक राजपथ, साइंस कॉलेज के सामने, पटना-800 006
पहली मंजिल, दरबारी बिल्डिंग, महात्मा गांधी मार्ग, प्रयागराज-211 001
36 ए, शेक्सपियर सरणी, कोलकाता-700 017
वेबसाइट : www.rajkamalprakashan.com
ई-मेल : info@rajkamalprakashan.com

मुद्रक : बी.के. ऑफ़सेट
नवीन शाहदरा, दिल्ली-110 032

REKHTE KE BEEJ AUR ANYA KAVITAYEIN
Poems by Krishna Kalpit

कवियों और काव्य-रसिकों के लिए

दिल किस तरह न खींचे अश'आर रेख़्ते के
बेहतर किया है मैंने उस ऐब को हुनर से!

—मीर तक़ी मीर

राख उड़ने वाली दिशा में हमारे घर थे
विलुप्त नदियाँ हमारा पता थीं!

—इसी संग्रह से

क्रम

प्रस्तावना

यदि देश के सभी कविता-संग्रहों में
आग लगा दी जाए
तो दो-चार साल तक आग न बुझे!

ऐसे में एक और कविता-संग्रह! इसे हिमाक़त ही समझा जाना चाहिए।

लिखी जाकर ही कविता प्रकाशित हो जाती है, शमशेर की इस बात के आधार पर ये सब कविताएँ प्रकाशित हैं, बस इन्हें एक संग्रह में शामिल कर दिया गया है।

रेख़्ते के बीज और अन्य कविताएँ पिछले तीस बरस (1990-2020) की कविताओं का चयन/संग्रह है। 1990 में *बढ़ई का बेटा* कविता-संग्रह प्रकाशित हुआ था, उसके बाद कविताओं के संग्रह का अवसर नहीं बन पाया, कविताएँ लेकिन प्रकाशित होती रहीं। इस बीच कोई *अछूता सबद, एक शराबी की सूक्तियाँ, बाग़-ए-बेदिल, कविता-रहस्य* और *हिन्दनामा* शीर्षक जो पुस्तकें प्रकाशित हुईं वे भी कविता की ही किताबें थीं, लेकिन उन्हें किताब के तौर पर ही परिकल्पित किया गया और लिखा गया।

इस बीच मेरी कविता-यात्रा समकालीन हिन्दी कविता के समानांतर एक दूसरे धूल-भरे रास्ते पर चलती रही। मित्रों के तकाज़े पर इसी आशा से इन्हें एक संग्रह में प्रकाशित किया जा रहा है कि ये कविताएँ भूल से ही सही किंवा किसी के कुछ काम की हों!

हिन्दी की प्राचीन कविता-परम्परा में विलुप्त कवियों की भी सुदीर्घ परम्परा रही है। एक कवि के रूप में अपने को इसी परम्परा का कवि मानता हूँ। यदि मुझे समय रहते कुछ युवा कवियों और कविता-प्रेमियों ने नहीं खोज लिया होता, तो अब तक विलुप्त ही हो

जाता। सरहप्पा, गोरख, ख़ुसरो, कबीर, निराला, नागार्जुन, मुक्तिबोध और शमशेर इसी पूरब अथवा भारतीय कविता की परम्परा के कवि हैं। मुझे भी इसी धूल-धूसरित परम्परा का कवि समझा जाए।

मेरी यह कविता-कृति इस तरह भी उस कविता-परम्परा से जुड़ती है जो सरहप्पा से शुरू होती है। हिन्दी कविता की परम्परा जितनी संस्कृत से जुड़ती है उतनी ही पालि प्राकृत अपभ्रंश-डिंगल तक भी जाती है। यही पूरब की कविता है जो अन्तरराष्ट्रीय होने से पहले अपने देश और अपनी मिट्टी की होना चाहती है और जो अनूदित होने से पूर्व अपनी भाषा में पढ़ ली जाना चाहती है।

यह भारतीय कविता होने से पहले पूरब की कविता है। ये कविताएँ अधिकांश आधुनिक-समकालीन कविताओं की तरह पश्चिम से प्रतिकृत नहीं हैं। इन कविताओं की लय, आवाज़ें, स्मृतियाँ, जड़ें बहुत गहरे भारत-भूमि से जुड़ी हुई हैं।

इस पुस्तक में अन्य ज्ञात-अज्ञात कविताओं के अतिरिक्त *सरमद, रेख़्ते के बीज, बुलबुल सरकार, ओह अगरतला, गोरक्षक और हेमिंग्वे का साँड़, वसन्तसेना और गधागाड़ी* और *गद्य की गुरबत* जैसी किंचित कथारस से भीगी दीर्घ कविताएँ भी शामिल हैं। अस्तु!

जयपुर, 1 जनवरी, 2022 **—कृष्ण कल्पित**

एकल कविता पाठ

हार्डबाउंड पेपरबैक
क्राउन डिमाई पॉकेट-साइज़

लगभग सभी तरह के संस्करण थे
यहाँ तक कि प्रेम के संग्रह अलग थे
घृणा के अलग

तस्वीरें थीं चिन्तन-मुद्राओं में
बॉयोडाटा भी था विशाल
पृथ्वी को रौंदता हुआ

पोस्टर थे कविताओं के
प्रदर्शनी थी किताबों की
जिस पर टूट पड़ती थीं अधेड़ औरतें

एकल था कविता पाठ
दूसरों के लिए उसमें कोई जगह नहीं थी

कलात्मक थे निमंत्रण-पत्र
जिसमें शाम की शराब और डिनर का
छिपा हुआ संकेत था

एक कथित फ़िल्म भी थी

उनके कृतित्व और व्यक्तित्व पर
जो दिखाई जानी थी थोड़ी देर बाद

सब कुछ था वहाँ पर सब कुछ
सिर्फ़ कविता को छोड़कर!

[1991]

कॉपीराइट

इसे कोई भी टीप सकता है
छाप सकता है किसी भी शक्ल में

चाहे तो बँटवा सकता है पर्चे
पढ़ सकता है अकेले में या भीड़ के सामने
या फिर फाड़कर फेंक सकता है
बच्चे इससे नाव बना सकते हैं

मेरा कोई दावा नहीं है मौलिकता का
मेरी कविता अँधेरे और रोशनी के बीच
एक पर्दे की तरह है
इसमें है मेरी जर्जरता
और एक धुँधली-सी उम्मीद

नक़ली आदमी सबसे ज़्यादा चिल्लाता है
कॉपीराइट कॉपीराइट

अकाल महामारी भुखमरी पर
किसी का दावा नहीं
रेगिस्तान के इस गाँव में
बारिश में भीगते बच्चों को रोको
बारिश में भीगना मना है
नदियाँ बहती हैं एक प्रान्त से दूसरे प्रान्त

नदियों पर मालिकाना हक़ जताता मुख्यमंत्री
भूख और प्यास से बेहाल लोगों की तस्वीरें

प्रेस कॉन्फ्रेंस में बाँटता है

साइकिल का आविष्कार किसने किया
आग पानी हवा पेड़ पहाड़ सूरज
किसने बनाया आकाश धरती चाँद
मैं पाँव छूना चाहता हूँ एक बार
जिसने मसाला डोसा का आविष्कार किया

अभी इस वक़्त
सड़क के बीचोंबीच
मैं पतंग के पीछे भागते बच्चे को
गोद में उठाकर चूम रहा हूँ
कृपया बताएँ
इसकी रॉयल्टी किसे देनी होगी!

[1992]

एक अभागे कवि का शिलालेख

कोई रोमांच कोई सनसनी कोई रहस्य नहीं
बहुत साधारण है उसके मरने की कहानी

जिस दीवार के पिछवाड़े वह गिरा
उसे चार्ल्स कोरिया ने नहीं बनाया था
वह पुरखों की दीवार थी
खंडहर होती हुई

वह कभी विदेश नहीं गया
विमान में नहीं बैठा
टाई नहीं बाँधी
ब्लू-फ़िल्म नहीं देखी
कार सेवा नहीं की
किसी कम्पनी का शेयर नहीं ख़रीदा
ज़मीन का एक टुकड़ा तक नहीं
यह उसे पृथ्वी का अपमान लगता था

उसके बारे में आम राय है कि
उसने अपनी ज़िद के चलते ख़ुद को बर्बाद किया
रिसर्च पूरी की न नौकरी
न किसी कमेटी का मेम्बर रहा
उसने कोई किताब भी नहीं छपवाई
उसे अकादमी पुरस्कार भी नहीं मिला

उसकी कविताओं के (अगर वे कविताएँ हैं)
अन्य ज़बानों में तर्जुमे नहीं हुए

सिर्फ़ यही एक तसल्लीज़दा बात है
कि वह अपनी ही भाषा में मरा

उसकी उम्र मरने की नहीं थी
वह बहुत दिनों तक तो
मरने को महज़ इसलिए टालता रहा कि
नाख़ून काटने के लिए
उसे नेलकटर नसीब नहीं हुआ
उसकी पोस्टमॉर्टम रिपोर्ट में
घृणा और प्रेम के तत्व बराबर बराबर पाए गए

वह अपने पीछे
बीवी और बच्चों के साथ
ज़माने-भर की ग़रीबी भुखमरी ज़हालत
अन्याय और अँधेरा छोड़ गया है!

[1992]

बारिश में डायरी

बारिश जीवन को कई बार इस तरह
भी बदलती है कि उसने भिगो दिया

उस दस बरस पुरानी डायरी को
जिसमें दर्ज़ थीं बहुत सारी बेकार सूचनाएँ
टेलीफ़ोन नम्बर दोस्तों के पते
और अधूरी पड़ी कविताओं की बेतरतीब पंक्तियाँ
जिनसे अब डर लगने लगा था
कई बार ऐसा भी लगता था
कि यह डायरी मुझे अकाल
महामारी और बाढ़ से बचाएगी
आने वाले वर्षों में मैं इसे ढाल की तरह तान सकता था
दरअस्ल पिछले दस बरस की सारी निराशाएँ आशाएँ ग़ुस्सा क्षोभ घृणा प्रेम
अपमान आदि सारी मानवीय वस्तुएँ इस काग़ज़ की डायरी में दर्ज़ थीं
यहाँ तक कि उसमें
एक भी सादा पन्ना नहीं बचा था
कई बार उसके पन्ने ऐसी कलाकृतियों का सा आभास देते थे जो हमें एक
विफल जीवन की निराशाओं के बारे में बताती थीं
डायरी में बहुत-सी ऐसी पंक्तियाँ लिखी थीं जैसे
कवियों को डूबकर मर जाना चाहिए

मेरी बेटी अब उस डायरी के पन्नों से
नाव बनाकर बारिश के पानी में छोड़ रही है
चाहें तो आप भी उसमें बैठकर
कर सकते हैं भवसागर पार!

[1992]

सोने का क़िला

रक्त से नहाया हुआ है तुम्हारा शरीर
कई युद्ध कई अकाल कई आपदाएँ

और सैकड़ों बरसों की उड़ती हुई धूल
खोई है तुम्हारी सुनहरी आभा में

दूर-दूर तक पसरा हुआ सन्नाटा
कहाँ खो गए मनुष्य
क्या बेचते हैं आप क्या ख़रीदते हैं
क्या ढूँढ़ते हो सैलानी
इन रक्त से धुले पत्थरों में

सैंकड़ों वर्ष पूर्व
इकट्ठा हुए कुछ मनुष्य
उन्होंने बनाये अपने घर
उन्होंने लड़ी अपनी लड़ाइयाँ
जिया अपना जीवन
मरे अपनी मौत

इसमें कैसा आश्चर्य
इसमें कैसा रोमांच

जीवन जीने की कठिनाइयों से निकली है यह वास्तुकला

मनुष्य के पाँवों से घिस-घिसकर
कोमल हुए हैं ये पत्थर

इस भरी दोपहर
क़िले के बीचों-बीच
एक परदेसी स्त्री को चूमते हुए
मुझे लगती है प्यास

खुली हुई आँखों में गिरती रहती है धूल!

[1992]

ख़ाली पोस्टकार्ड

वहाँ एक मीठे पानी का कुआँ था
जहाँ लोगों की बस्ती थी
एक पहाड़ था वहाँ
एक पुराना मन्दिर

थोड़ा आगे चलकर
धूल-भरे रस्ते के पार
एक घर था
उस घर में एक वेश्या रहती थी

उसके पास था एक पुराना सिक्का
एक ख़ाली पोस्टकार्ड
जिस पर स्वर्ग का पता लिखा था

गर्मी की एक दोपहर
लपलपाती लूओं के मौसम
उसने मुझे बुलाया
पिलाया मीठे कुएँ का जल
खिलाई बाजरे की रोटी गुड़ के साथ
फिर रोई धार-धार
मेरी हथेलियों पर गिरे उसके खारे आँसू

रेगिस्तान की वह एक न भूलने वाली बारिश थी!

[1992]

उमरकोट की सईदा : एक दुर्दांत प्रेम कविता

थार पार कर आऊँगा
काली साँडनी पर चढ़कर
तुम्हारे पास पहुँचने से पहले ही
गोलियों से भून दिया जाऊँगा

फिर भी मैं आऊँगा

रेगिस्तान की किसी झुलसती हुई दोपहर को
या फिर किसी ठंडी चाँदनी रात में

सईदा! ओ उमरकोट की सईदा
क्या तुम्हें पता है
दो मुल्कों की सरकारों को चक्कर देकर
जब तुम्हारी तरफ़ धीरे-धीरे क़दम बढ़ाऊँगा
तब मैं कौन-सा नग़्मा गाऊँगा

बरसों पहले तुमने मुझे एक रोटी दी थी
वह अभी भी मैं खाता हूँ
दुर्लभ, निर्मल और मीठे पानी का एक लोटा
वह अभी भी पीता हूँ
हँडिया में गोश्त भूनकर जब तुम आती थी
यह पूरी सृष्टि
प्याज और लहसुन की गंध से भर जाती थी

तुम आई थी भागती हुई

लूणी नदी के चौड़े पाट पर
अभी भी ज़रूर होंगे वहाँ पर तुम्हारे पाँवों के निशान
तुमने मुझे दिया था रानी विक्टोरिया का सिक्का
जिसे आज तक मैंने ख़र्च नहीं किया

मुझे मालूम है तुमने झेली है ग़रीबी
देखे हैं दुःख उठाए हैं जुल्म
तुम्हारे अब्बा मारे गए सीमा पार करते हुए
तुम जीवित रही इन्तिज़ार करते हुए

तुम बचाना सईदा बचाना चूल्हे में आँच
आँख में आँसू कंठ में गान कोठरी में अन्न
तुम बचाना अपने लम्बे केश
अपनी आँखें, पाँव, होंठ, हाथ, स्तन
अपने जिस्म को बचाना सईदा
और अपनी आत्मा

यह समय जाता है
मैं आता हूँ
दो मुल्कों की सरकारें हिलती हैं

मैं आता हूँ

जैसे आती है काली-पीली आँधी
मैं आता हूँ

मैं नहीं जाऊँगा अयोद्धा मगध हस्तिनापुर
बगदाद ढाका करांची कोलकाता
मैं कहीं नहीं जाऊँगा
मैं तुम्हारे पास आऊँगा सईदा

काली साँडनी पर चढ़कर
रेत के धोरों पर भागता हुआ
मुझे मालूम है मैं मारा जाऊँगा मैं मारा जाऊँगा

तुम फ़ौजियों से मेरे कपड़े मेरी आत्मा
और विक्टोरिया का वह सिक्का माँग लेना
जिसे तुमने मुझे दिया था!

[1993]

तुम्हारी आवाज़

मैं थामता हूँ तुम्हें
बारूद के ढेर पर खड़े होकर

शताब्दी के आख़री दिनों में
मैं तुम्हारा हाथ थामता हूँ
जर्जर हुए घरों की
आड़ी-तिरछी गलियों से गुज़रते
मैं पुकारता हूँ तुम्हें

अभी-अभी ख़त्म हुई है लड़ाई
अभी आ रहे हैं सीमा से
जवान लड़कों के शव
अभी बुझे नहीं हैं
अंगारे मसानों के
एक बकरी
कल के दाह-संस्कार की
राख कुरेद रही है

बीतती नहीं है रात
रात बीतती नहीं है
कोई मुझे पुकारता है
सन्नाटे में सुनसान में
अकेलेपन में

कोई मुझे पुकारता है

अब रात का तीसरा पहर है
तुम बहुत दूर हो
जैसे तारे बहुत दूर हैं घर की छत से
सीढ़ियों से उतरने की
पदचाप गूँजती है
बहुत दूर तक
बहुत दूर से आती है आवाज़
बहुत देर तक

कितने सारे जंगल
कितने सारे पहाड़
कितनी सारी नदियाँ
कितने पाखी कितने मनुष्यों
की नींद से गुज़रकर
जो मुझ तक पहुँच रही है
यह तुम्हारी आवाज़ है

मुझे नींद से जगाती है तुम्हारी आवाज़!

[1995]

मेरा चेहरा

मेरा चेहरा एक गड़रिये-सा दिखाई पड़े
एक मोची

रिक्शा खींचने वाले मज़दूर
एक बढ़ई एक मोची
या फिर लुहार का लोहे-सा तपा चेहरा

मैं नहीं चाहता
मेरा चेहरा दिखाई पड़े
किसी ऐय्याश की तरह
क़ातिल लुटेरे आततायी जैसा
अहंकार से जर्जर राजा का चेहरा
लालच टपकाता उसके मुसाहिब का चेहरा

मैं एक ठोस चेहरा चाहता हूँ
किसी किसान का पसीने से लथपथ
मेले में खो गए बच्चे का
मासूम और डरा हुआ चेहरा
जिसके गालों पर ढुलके हुए आँसू
सूखकर नमक में बदल रहे हैं
प्रतीक्षारत स्त्री का चेहरा तो एक स्वप्न है

मैं चाहता हूँ अपने आप को भाषा से नहीं

चेहरे से व्यक्त कर सकूँ

मैं नहीं चाहता
मेरा चेहरा धड़ पर लटके हुए
किसी भिक्षापात्र की तरह दिखाई पड़े
मैं चाहता हूँ
मेरा चेहरा किसी लेटरबॉक्स की तरह हो
किसी लैम्पपोस्ट पर
या फिर किसी
पेड़ के तने पर लटकता

जिसमें
चलती हुई लू या फिर भीषण जाड़े में भी
कोई थरथराता हुआ हाथ
दिखाई पड़ता हो
चिट्ठी डालता हुआ!

[1996]

आख़िरी चुम्बन

एक बढ़ई एक मेज़ बना रहा है
इससे बेहतर क्या है दुनिया में

एक कुम्हार चाक पर घड़े रच रहा है
इससे सुन्दर कुछ नहीं है शायद

एक बच्चा नींद में हँस रहा है
इससे पवित्र क्या हो सकता है

अगर मुझे कहने का मौक़ा दिया गया
तो मैं ज़रूर कहूँगा
भेड़ों का यह झुंड
एफ़िल टॉवर से
ज़्यादा ज़रूरी है दुनिया के लिए

प्यार कहीं नहीं था
शताब्दी के आख़िरी वर्षों में
सिर्फ़ दीवारों पर गुलाबी धब्बे थे

नक्षत्रो, थम जाओ
अभी मत बरसना बादल
अभी एक कवि

एक औरत को चूम रहा है

सृष्टि का प्रथम चुम्बन
एक कवि ने लिया था
सृष्टि का आख़िरी चुम्बन भी
एक कवि ही लेगा

क्षमा करें विद्वतजन!
वैसे तो चूमने चाटने की परम्परा
सदियों से चली आ रही है संसार में!

[1997]

जमुना पार

पन्द्रह बरस पहले जितने दुखिया थे
और जमुनापार रहते थे
वे अब उतने दुखी नहीं रह गए थे
वे कुछ कुछ सुखी हो चले थे

जमुना पर जो पुल था
वह बचाए हुए था अपनी पुरानी पहचान
उसके किनारे दूर तक सूखते हुए कपड़े
कविता में नॉस्टेल्जिया की तरह विद्यमान थे
शासकों और आलोचकों की
क्रूर निगाहों के बावजूद वे बचे हुए थे
और एक पुराने शहर को बचाए हुए थे

अब भी इस पुल से गुज़रते हुए
पुरानी औरतें नाक पर रुमाल रख लेती हैं
नई औरतें जो रुमाल नहीं रखतीं
और चुन्नियाँ नहीं डालतीं
कर लेती हैं कार के शीशे बन्द

पहले जो लोग जमुनापार आकर
अन्तरराज्यीय बस अड्डे से
हापुड़ अम्बाला हिसार और लैंसडाउन की बसें पकड़ते थे
उन्होंने आजकल नोएडा की तरफ़ से
एक चोररास्ता निकाल लिया है

जो सीधे जाता है
इंदिरा गांधी अन्तरराष्ट्रीय हवाई अड्डे की ओर!

[1998]

मॉडर्न टाइम्स

एक दिन मैं
चार्ली चैप्लिन की तरह जूते चबाऊँगा

घर में ख़त्म हो जाएगा अन्न
काला बाज़ार में चली जाएँगी सारी फ़सलें
फिर अकाल पड़ेगा मुल्क में
फिर होंगे ग़रीबों के फ़ाक़े
फिर होगा अन्याय होगी बर्बरता
सूख जाएगा बावड़ियों का पानी
आसमान से बरसेगा शोक
स्त्रियाँ सुबकेंगी सामूहिक स्वर में

यह जो समय आ रहा है जनाब
बहुत भयानक होगा
रंगीन सिर्फ़ टेलीविज़न होंगे
जिनमें मृत सुन्दरियों की देह
गिद्ध नोचते रहेंगे दिन रात
यहीं कहीं होगा मध्यांतर

आप चल कहाँ दिए जनाब
अभी तो आधा बाक़ी है
मॉडर्न टाइम्स!

[1998]

ईश्वर से मुलाक़ात

मन्दिर यदि प्राचीन नहीं है तो अश्लील लगता है
जर्जरता में ही छिपी होती है अमरता
मन्दिर के पिछवाड़े की प्रोल पर
झरोखों और गवाक्षों के आसपास
कोयले से लिखे गए प्रेमियों के नाम अमर हैं

मुझे मिला ईश्वर इसी प्राचीन मन्दिर की
निचली सीढ़ियों पर गोखे के पास
काला गदबदा लचीले शरीर वाला वह बच्चा
जो हिल-मिल गया था
मुझसे पल-भर में
दो का चमकता हुआ सिक्का था उसके हाथ में

बोल कुछ पा नहीं रहा था ठीक से
अपने लचीले शरीर को
मेरी टाँगों से उलझाता हुआ
बीच-बीच में मुस्कुराता हुआ
डरता और डराता हुआ

अगर होगा कहीं ईश्वर
तो होगा निश्चय ही उछलता हुआ
काला गदबदा लचीले बदन वाला वह बच्चा
जो मुझे मिला था उस दिन
उस प्राचीन मन्दिर की सीढ़ियों पर!

[1999]

कोलकाता 1999

रात में जगमगाता है
थिएटर रोड के नुक्कड़ पर
पत्थर का लैम्पपोस्ट

संथाल परगना और सुदूर त्रिपुरा में
जो औरतें पत्थर कूटती हैं
उनकी कमाई
पार्क-स्ट्रीट की वेश्याएँ उठा ले जाती हैं

जितनी तेज़ रोशनी में वे थिरकती हैं
वह दरअस्ल एक अँधेरे का वर्णन होता है

किसी महामारी की तरह
फैलता जा रहा है बाज़ार

कहीं कोई घर
कहीं कोई पेड़
कहीं कोई बारिश
कहीं कोई आँसू
कभी-कभी दिखाई पड़ता है
लम्बी यात्राओं के बीच
नीम-अँधेरों में
जुगनू की तरह चमकता

कभी सुनी है आपने
पिछले कुछ बरसों से

किसी रेल की सीटी

मैंने एक दिन कोलकाता के अजायबघर में
एक पुरानी रेलगाड़ी देखी
जिसका इंजन
आदमी के दिल की तरह धड़कता था

धूप में तपती हैं लम्बी सड़कें
हाथ में छाता लिये आती
उस औरत की चप्पलों पर
कोलतार चिपक रहा है

एक मज़दूर नंगे बदन
दिखाई पड़ता है
ठेला खींचता हुआ

बन्द शीशों वाली एक कार
अचानक गुज़रती है

चीख़ती रहती हैं
ट्राम की पटरियाँ
वासनाओं से लथपथ थे बाज़ार!

[1999]

सूखी टहनियाँ

जाओ लड़कियो, अपने-अपने घर जाओ
अब हम नहीं कर सकते प्रेम

हमारे बाल अब हो चले हैं सफ़ेद
पानी का गिलास उठाते हुए काँपते हैं हमारे हाथ

हम जो साफ़ कपड़े पहने हुए आकर्षक दिखते हैं
दरअस्ल मिट्टी के पुतले हैं
हमें मत छुओ लड़कियो
हम भरभराकर गिर जाएँगे

हम बोलते हुए तुम्हें अच्छे लगते हैं
हमारी भद्रता शालीनता तुम्हें लुभाती है
हमारे चमकदार जुमलों पर मत जाओ लड़कियो
ये हमारी निराशा की अभिव्यक्तियाँ हैं
हमारा आत्मविश्वास हमारा डर है

पानी में तैरने वालों से प्रेम करो
पेड़ पर चढ़ने वालों से प्रेम करो
मैदान में खेलने वालों से प्रेम करो
हम नहीं रह गए हैं प्रेम के क़ाबिल

अब पुरानी हुई हमारी प्रेम-कहानी

जिस पेड़ के नीचे बैठते थे हम
अब वहाँ पर शानदार शॉपिंग मॉल है

बनने से पहले ही उजड़ गए
हमारे प्यार के स्मारक

अब हम थक चले हैं सुन्दरियो,
हमारे पास नहीं है करने को कोई बात
सुनाने को कोई गीत कोई रहस्य

अब सब कुछ उजागर है
झकझकाती रोशनी की तरह बेजान
जर्जर आत्मा में बजती रहती है
एक उदास सिम्फ़नी

जाओ स्त्रियो, जाओ
मुझे अकेला छोड़ दो इस बियाबान में
जहाँ मैं सूखी लकड़ियाँ चुन रहा हूँ
अपने दाह-संस्कार के लिए!

[2000]

राख उड़ने वाली दिशा में–1

जिधर भी जाता था
एक छाया साथ चलती थी

एक गठरी लदी रहती थी पीठ पर
उतरता था बोझ जब रेलगाड़ी में सीट मिलती थी
जनता एक्सप्रेस थी कोई मज़ाक़ नहीं

किसे याद हैं वे बिस्तरबन्द/होल्डाल
अभी कुछ समय पहले तक
हम कंधे पर उठाए जाते थे रेलवे-स्टेशन तक

वे लोहे की सन्दूकें
जिन पर बैठकर सिगरेट फूँकना

आधी-रात चुनार के रहस्यमय घने जंगलों से
तेज़ गति से गुज़रती हुई कालका एक्सप्रेस

वह निर्जन सन्नाटा
वे रोशनी के झपाके
तुम तो देर तक जागी हुई थीं लोअर-बर्थ पर

एक रेलगाड़ी कितनी रेलगाड़ियों की याद दिलाती है
कितनी बार कूदा था ज़ंजीर खींचकर

शेखावाटी एक्सप्रेस से

जहाँ जहाँ जाता था
लगता था आया हुआ हूँ
जो भी बातें सुनता था लगता था सुनी हुई हैं

कहाँ से चला था याद नहीं
उतरना कहाँ था ध्यान नहीं

मैं एक खोया हुआ मुसाफ़िर था इस संसार में
बस इतना-भर याद आता था कि
हमारे घरों से उड़ता हुआ धुआँ कोस-भर पहले से दिखाई पड़ता था
ऊँटों का एक क़ाफ़िला नज़र आता था दूर से
देर तक उड़ती रहती थी धूल

राख उड़ने वाली दिशा में हमारे घर थे!

[2001]

राख उड़ने वाली दिशा में–2

दिखाई नहीं पड़ती थीं सतह पर
पर वहाँ पर नदियाँ थीं
धरती में कहीं गहरे धँसी हुईं
काँटे की अनी हो जैसे पाँव में धँसी हुई

टीसती हुई
दर्द की एक विद्युत-घड़ी

पीपल का एक पेड़ था
अपनी प्राचीन आभा में दमकता
उसकी छालों की कोटरों में
नींद के छिपने के ठिकाने थे
नए और पुराने के बीचों-बीच
कुछ चमकते हुए पत्थर थे

बारिश के आसार और आँधियों के आश्रय
जिन गुम्बदों में थे
वे धूल की एक चादर से ढँके हुए थे
घर थे
लेकिन वे थोड़ी बड़ी क़ब्रगाह जैसे थे

जहाँ सबसे अधिक विश्वास
नमक पर किया जाता था
जिसे उस जनपद में लूण कहा जाता था
जो अवश्य ही लवण धातु से बना होगा

और लावण्य का इससे क्या और कैसा
रिश्ता रहा आया है इसके बारे में
भाषा-विज्ञानियों की राय का
हमारे उस दैनन्दिन जीवन-व्यापार पर
क्या असर पड़ता होगा
जहाँ हम शब्दों का जस का तस
और बर्तनों का माँजकर इस्तेमाल करते थे

हम एक ऐसे देश और सभ्यता के निवासी थे
जहाँ पत्थर भी एक युग था

राख उड़ने वाली दिशा में
हमारे घर थे
विलुप्त नदियाँ हमारा पता थीं!

[2003]

वापस जाने वाली रेलगाड़ी

प्यार था
आसमान में पतंग की तरह उड़ता

चाँदनी रात में
दिल की तरह धड़कता हुआ

प्यार था
चारों तरफ़ से हवाओं की तरह घेरता
दूब पर ओस की तरह छिपा हुआ
गेंद की तरह
लुढ़कता हुआ था प्यार
रविवार जैसा सुबह से शाम तक
एक प्रसन्न अवकाश

प्यार था
जेब में पड़ा हुआ आख़िरी सिक्का
अँगुलियों के बीच
जलती हुई आख़िरी सिगरेट
जिसे होना ही था ख़त्म

अनवरत कुछ नहीं रहता
बड़े-बड़े युद्ध भी ख़त्म हो जाते हैं एक दिन
प्यार भी लौट गया एक दोपहर

वापस जाने वाली रेलगाड़ी की तरह

फिर कभी नहीं लौटा प्यार
व्यभिचार लौटा बार-बार
आत्मा के सूने प्लेटफ़ॉर्म पर शंटिंग करता हुआ!

[2003]

नई ख़बर

कहाँ है नई ख़बर
तुम जिसके बारे में लिख रहे हो

बहुत पहले घट चुकी यह घटना

जिस मंत्राणी का जीवनवृत्त लेकर तुम आए हो
इसमें क्या है नया
उसके पारम्परिक परिधान वैभव सुन्दरता
और हँसने के ढंग की तारीफ़
तुमसे पहले कितने लोग कर चुके

जिस सनसनीखेज़ बलात्कार की ख़बर
तुम आज लिख रहे हो
वह दरअस्ल पिछली शताब्दी में हुआ था

मैं तुम्हें रोक तो नहीं सकता
सिर्फ़ इतना बताना चाहता हूँ
जिस आदमी की प्रेस कॉन्फ्रेंस में तुम
2003 में जा रहे हो
वह दरअस्ल 1977 में ही मर चुका!

[2003]

नमक की बस्ती

मैं खारी झील का नमक हूँ
मेरे कन्धों पर नमक की कई सारी परतें जमी हुई हैं
पसीने, कीचड़, काई, रेत और
मरे हुए पक्षियों के
पंखों से बना हुआ नमक हूँ मैं

मैं एक नमक की बनी हुई
सड़क पर चल रहा हूँ
नमक की एक गाड़ी चली जा रही है मेरे आगे
जिस पर नमक के पहिये लगे हुए हैं
नमक का एक गाड़ीवान जिसे हाँक रहा है

भेड़ों का एक झुंड
मेरे पीछे चलता आ रहा है
वे भी नमक की बनी हुई हैं

नमक का दरिया था
नमक का आसमान
पक्षी जो उड़ रहे थे वे भी नमक के थे

नमक की नदियों में जो नावें चल रही थीं
उनके चप्पू भी नमक के थे

जाल-वृक्षों का वह गझिन जंगल

जिसमें पांडवों ने अपने हथियार छिपाए थे
वह भी नमक का बना था
जिसकी हरी शिराओं में जो रक्त बह रहा था
वह भी नमक का था

एक मज़दूर
नमक के फावड़े से
नमक की मिट्टी काट रहा था

एक नदी जो विलुप्त हो गई थी
धरती पर कितना नमक छोड़ गई है

इसी नमक की बस्ती से गुज़रता हुआ मैं
नमक का एक ढेला
नमक के महासमुद्र में तैरता हुआ
जब हो जाऊँगा विलीन
तब नमक की हवाएँ बह रही होंगी

जिनकी कुल-देवियों के पाँव
नमक से धुलते हैं

उन पर बरसते रहते हैं तमाम उम्र
नमक के बादल!

[2004]

चिराग़ दिल्ली

चिराग़ दिल्ली के मोड़ पर
दिखाई पड़ेंगी झुग्गियाँ
सुलगती हुई भट्टियाँ
जैसे किसी सुदूर ग्रह से आए हुए
लुहारों के परिवार

झुग्गियों के सामने सजे हैं
घरेलू औज़ार
तसला हथौड़ी निहानी चिमटा
खुरपी नाल...
और भी बहुत से ऐसे अनजान औज़ार
जिनका नाम और काम
भुलाया जा चुका है इस महानगर में

कहाँ से आए हैं ये
ख़तरनाक औज़ारों के व्यापारी

सरेआम सड़कों पर बिखरी हुई है
काल को चीरकर आई
प्रागैतिहासिक कला
जैसे आज ही हुआ है आविष्कार आग का
जैसे आज ही सीखा है मनुष्य ने
लोहे को गलाने का तरीक़ा
आज ही इस्पात के लाल भभूक टुकड़े पर

हथौड़े का वज्र प्रहार

खारी बावली से थोड़ा दूर
धौला कुआँ से थोड़ा पहले
दिल्ली में जैसे
टिमटिमाते चिराग़ों की लम्बी कतार!

[2004]

आपातकाल

तीस साल पहले
आपातकाल का विरोध करने वालों के हाथ
आज ख़ून से रँगे हुए हैं
दूसरे हुए घोटालों में लिप्त
सत्ता के भूखे कम्बख़्त

जेपी लोकतंत्र की आँख से
ढुलका हुआ आँसू था जो अब सूख चला है

'कि जनता आती है' वाले
विशाल गाँधी मैदान में अब
बाज़ीगर और रंडियाँ घूमती हैं

दरअस्ल
सम्पूर्ण क्रान्ति अब एक रेलगाड़ी का नाम है!

[2004]

साइकिल की कहानी

यह मनुष्य से भी अधिक मानवीय है

चलती हुई कोई उम्मीद
ठहरी हुई एक सम्भावना
उड़ती हुई पतंग की अँगुलियों की ठुमक
और पाँवों में चपलता का अलिखित आख्यान
इसे इसकी छाया से भी पहचाना जा सकता है

मूषक पर गणेश
बैल पर शिवजी
सिंह पर दुर्गा
मयूर पर कार्तिक
हाथी पर इन्द्र
हंस पर सरस्वती
उल्लू पर लक्ष्मी
भैंसे पर यमराज
बीएमडब्ल्यू पर महाजन
विमान पर राष्ट्राध्यक्ष
गधे पर मुल्ला नसीरुद्दीन
रेलगाड़ी पर भीड़
लेकिन साइकिल पर हर बार कोई मनुष्य

कोई हारा-थका मज़दूर
स्कूल जाता बच्चा
या फिर पटना की सड़कों पर

जनकवि लालधुआँ की पत्नी
कैरियर पर सिलाई मशीन बाँधे हुए

साइकिल अकेली सवारी है दुनिया में
जो किसी देवता की नहीं है

साइकिल का कोई शोकगीत नहीं हो सकता
वह मनुष्य की तरफ़ दौड़ती हुई अकेली मशीन है
मनुष्य और मशीन की यह सबसे प्राचीन दोस्ती है
जिसे कविता में लिखा पंजाबी कवि अमरजीत चन्दन ने
और सिनेमा में दिखाया वित्तोरिया दे सिका ने बायसिकल थीव्स में

ग़रीबी यातना और अपमान की जिन अँधेरी और तंग गलियों में मनुष्यता रहती है
वहाँ तक सिर्फ़ साइकिल जा सकती है

घटना-स्थल पर पाई गई सिर्फ़ इस बात से हम इस निष्कर्ष पर नहीं पहुँच सकते कि साइकिल का इस्तेमाल मनुष्यता के विरोध में किया गया जब लाशें उठा ली गई थीं और बारूद का धुआँ छँट गया था तब साइकिल के चमकते हुए चक्के सड़क के बीचों-बीच पड़े हुए थे घंटी बहुत दूर जा गिरी थी और वह टिफ़िन कैरियर जिसमें रोटी की जगह बम रखा हुआ था कहीं ख़लाओं में खो गया था

एक साइकिल की कहानी
अन्ततः एक मनुष्य की कहानी है!

[2005]

विश्व हिन्दी सम्मेलन

जिस भाषा में हम बिलखते हैं
और बहाते हैं आँसू

वे उस पर करते हैं सवारी
भरते हैं उड़ान उत्तुंग आसमानों में

एक कहता है मैं नहीं गया
मुझे गिना जाए त्यागियों में
एक कहता है मैं चला गया
मुझे गिना जाए भागियों में

एक आसमान से गिरा रहा था सूचियाँ
हिन्दी पट्टी के सूखे मैदानों पर

हिन्दी के एक नए शेख ने
बना रखा था सरकारी कमेटियों का हरम
एक से निकलकर दूसरे में जाता हुआ

एक मूल में नष्ट हो रहा था
दूसरा ब्याज में और तीसरा लिहाज़ में

एक चिल्लाता था
मैं जीवन-भर होता रहा अपमानित
अब मुझे भी किया जाए सम्मानित

एक कहता था
मुझे दे दिया जाए सारा पैसा
मैं उसका डॉलर में अनुवाद करूँगा
एक कहता था नहीं
सिर्फ़ मैं ही बजा सकता हूँ
यह असाध्य वीणा

एक साम्राज्यवादी
एक सम्प्रदायवादी के गले में
फूलमालाएँ डाल रहा था
एक स्त्री किसी निर्दोष के रक्त से
करती थी विज्ञप्तियों पर हस्ताक्षर

यह एक अजीब शामिल बाजा था
जिसमें एक बाज़ारू गायक
अश्लील भजन गा रहा था

एक सम्पादक
विदेश राज्यमंत्री के जूते में
निर्जनता ढूँढ़ रहा था
एक पत्रकार का
शास्त्री भवन की एक दराज़ में
स्थायी निवास था

एक कहता था मैं इतालवी में मरूँगा
एक स्पेनिश में अप्रासंगिक होना चाहता था
एक किसी लुप्तप्राय: भाषा के पीछे
छिपता फिरता था

एक रूठ गया था
एक को मनाया जा रहा था
एक आचार्य जवाहरलाल नेहरू विश्वविद्यालय
में कराह रहा था
एक मसखरा

मुक्तिबोध पर व्याख्यान दे रहा था

एक मृतक
ब्रिटिश एयरवेज के पंखों से लिपटा हुआ था

दूसरा मृतक
भविष्य में होने वाली
सभी गोष्ठियों की अध्यक्षता कर चुका था
एक आत्मा
आगामी बरसों के
सभी प्रतिनिधि मंडलों में घुसी हुई थी

यह भूमंडलीकरण का अजब नज़ारा था कि
सोहो के एक भड़कीले वेश्यालय में
हिन्दी का लँगोट लटक रहा था

और दूर पूरब में
और धुर रेगिस्तान के किसी गाँव में
जन्म लेता हुआ बच्चा
जिस भाषा में तुतलाता था
उसे हिन्दी कहा जाता था

कहाँ खो गया प्रतिरोध
क्या भविष्य में सिर्फ़
भिखारियों के काम आएगी
यह महान भाषा

इसी भाषा में एक कवि
दो टूक कलेजे के करता पछताता
लिखता जाता था कविता
और फाड़ता जाता था!

[2005]

बचाया

एक रेलगाड़ी ने बचाया मुझको

जब चारों तरफ़ सन्नाटा था
और बूढ़े बारादरियों में बहस में व्यस्त थे

तब एक युवा कवि ने बचाया मुझको

एक रिक्शा-गाड़ी ने एक लैम्पपोस्ट ने
और मूँगफली के एक दाने ने बचाया मुझको

जब शरीफ़ और समझदार लोग
खिड़कियाँ बन्द कर रहे थे
एक बेवड़े ने बचाया मुझको

एक पुराने गुरु का पुत्र आया मेरे बचाव में
जब सब मुझसे मुँह मोड़ रहे थे

एक स्त्री ने बचाया
अँधेरे में गिरते हुए मुझको

और जब डूबने ही वाला था
एक कातर पुकार ने बचाया मुझको!

[2006]

रेख़्ते के बीज

(उर्दू-हिन्दी शब्दकोश पर एक लम्बा पर अधूरा वाक्य)

एक दिन मैं दुनिया जहान की तमाम महान बातों महान साहित्य महान कलाओं से ऊब-उकताकर उर्दू-हिन्दी शब्दकोश उठाकर पढ़ने लगा जिसे उर्दू में लुग़त कहा जाता है यह तो पता था लेकिन दुर्भाग्यवश यह पता नहीं था कि यह एक ऐसा आनन्द-सागर है जिसके सिर्फ़ तटों को छूकर मैं लौटता रहा तमाम उम्र अपनी नासमझी में कभी किसी नुक़्ते-उच्चारण-अर्थात के बहाने मैं सिर्फ़ जलाशयों में नहाता रहा इस महासमुद्र को भूलकर और यह भूलकर कि यह लुग़त दुनिया के तमाम क्लासिकों का जन्मदाता है और एक बार तो न जाने किस अतीन्द्रिय-दिव्य प्रेरणा से इसे मैंने कबाड़ी के तराज़ू पर रखकर वापस उठा लिया था इसकी काली खुरदरी जिल्द का स्पर्श किसी आबनूस के ठंडे काष्ठ-खंड को छूने जैसा था जिससे बहुत दिनों तक मैं अख़बारों के ढेर को दबाने का काम लेता रहा जिससे वे उड़ नहीं जाएँ अख़बारी हवाओं में इसे यूँ समझिए कि मेरे पास एक अनमोल ख़ज़ाना था जिसे मैं अपनी बेख़बरी में सरे-आम रखे हुए था यह वाक्य तो मैंने बहुत बाद में लिखा कि एक शब्दकोश के पीले-विदीर्ण-जीर्ण पन्नों पर मत जाओ कि दुनिया के तमाम आबशार यहीं से निकलते हैं कि इसकी थरथराती आत्मा में अब तक की मनुष्यता की पूरी कहानी लिखी हुई है कि इसकी पुरानी जर्जर काया में घुसना बरसों बाद अपने गाँव की सरहदों में घुसना है कि मैंने इसके भीतर जाकर जाना कि कितनी तरह की नफ़रतें होती हैं कितनी तरह की मुहब्बतें कैसे-कैसे जीने के औज़ार कैसी-कैसी मरने की तरक़ीबें कि इसकी गलियों से गुज़रना एक ऐसी धूल-धूसरित सभ्यता से गुज़रना था जहाँ इतिहास धूल-कणों की तरह हमारे कन्धों पर जमता जाता है और महाभारत की तरह जो कुछ भी है इसके भीतर है इसके बाहर कुछ नहीं है एक प्राचीन पक्षी के पंखों की फड़फड़ाहट है एक गोल गुम्बद से हम पर रोशनी गिरती रहती है जितने भी अब तक उत्थान-पतन हैं सब इसके भीतर हैं इतिहास की सारी लड़ाइयाँ इसके भीतर लड़ी गईं शान्ति के कपोत भी इसके भीतर से उड़ाए गए लेकिन

वे इसकी काली-गठीली जिल्द से टकराकर लहूलुहान होते रहे और यह जो रक्त की ताज़ा बूँदें टपक रही हैं यह इसकी धमनियों का गाढ़ा काला लहू है जो हमारे वक़्त पर बदस्तूर टपकता रहता है जो निश्चय ही मनुष्यता की एक निशानी है और हमारे ज़िन्दा रहने का सबूत गुम्बदों पर जब धूप चमक रही हो तब यह एक पूरी दुनिया से सामना है यह एक चलती हुई मशीन है वृक्षों के गठीले बदन को चीरती हुई एक आरा मशीन जिसका चमकता हुआ फाल एक निरन्तर धधकती अग्नि से तप्त-तिप्त जहाँ काठ के रेशे हम पर रहम की तरह बरसते हैं पतझड़ के सूखे पत्तों की तरह अपने रंग-रेशों-धागों को अपनी आत्मा से सटाए हुए हम हमारे इस समय में गुज़रते रहते हैं यह जानते हुए कि जिन-जिन ने भी इन शब्दों को बरता है वे हमारे ही भाई-बन्द हैं एक बहुत बड़ा संयुक्त परिवार जिसके सदस्य रोज़ी-रोटी की तलाश में उत्तर से पच्छिम व पूरब से दक्खिन यानी सभी सम्भव दिशाओं में गए और वह बूढ़ा फ़क़ीर जो रेख़ते के बीज धरती पर बिखेरता हुआ दक्खिन से पूरब की तरफ आ रहा था जिसे देखकर धातु-विज्ञानियों ने लौह-काष्ठ और चूने के मिश्रण से जिस धातु का निर्माण किया उससे मनुष्य ने नदियों पर पुल बनाए लोहे और काष्ठ के बज्जर पुल जिन पर से पिछली कई शताब्दियों से नदियों के नग्न शरीर पर कलकल गिर रही है चूना झर रहा हैं अंगार बरस रहा है और जिसके कूल-किनारों पर क़ातिल अपने रक्तारक्त हथियार धो रहे हैं वे बाहर ही करते हैं क़त्ले-आम तांडव बाहर ही मचाते हैं क़ातिल सिर्फ़ मुसीबत के दिनों में ही आते हैं किसी शब्दकोश की जीर्ण-शीर्ण काया में सर छिपाने वे ख़ामोश बैठे रहते हैं सर छिपाए क़ाज़ी क़ायदा क़ाबू क़ादिर और क़ाश के बग़ल में और क़ाबिले-ज़िक्र बात यह है कि क़ानून और क़ब्रिस्तान इसके आगे बैठे हुए हैं पिछली कई सदियों से और और इसके आगे बैठे क़ाबिलियत और क़ाबिले-रहम पर हम तरस खाते रहते हैं जैसे मर्ग के एक क़दम आगे ही मरकज़ है और यह कहने में क्या मुरव्वत करना कि मृत्यु के एकदम पास मरम्मत का काम चलता रहता है और बावजूद क़ातिलों को पनाह देने के यह दुनिया की सबसे पवित्र किताब है जबकि दुनिया के तमाम धर्मग्रन्थों को हर साल निर्दोष लोगों के रक्त से नहलाने की प्राचीन प्रथा चलती आती है इस तरह पीले नीले गुलाबी हरे रेशमी वस्त्रों में लिपटे हुए धर्मग्रन्थ मनुष्य के ताज़ा ख़ून की तरह प्रासंगिक बने रहते हैं जबकि यहाँ दरवाज़े से झाँकते ही हमें दरिन्दे और दरवेश एक से लबादे ओढ़े हुए एक साथ नज़र आते हैं लुग़त के एक ही पन्ने पर गुज़र-बसर करते और उस काल्पनिक और पौराणिक धार की याद दिलाते हुए जहाँ शेर और बकरी एक साथ पानी पीते थे और यह तो सर्वथा उचित ही है कि शराब शराबख़ाना

शराबख़ोर और शराबी एक ही इलाक़े में शिद्दत से रहें लेकिन क्या यह हैरान करने वाली बात नहीं कि शराफ़त जितनी शराबी के पास है उतने पास किसी के नहीं हालाँकि शर्मिन्दगी उससे दो-तीन क़दम दूर ही है यह कोई शिगूफ़ा नहीं मेरा शिकस्ता दिल ही है जो इतिहास की अब तक की कारगुज़ारियों पर शर्मसार है जिसका हिन्दी अर्थ लज्जित बताया गया है जिसके लिए मैं शर्मिन्दा हूँ और इसके लिए फिर लज्जित होता हूँ कि मुझे अब तक क्यों नहीं पता था कि मांस के शोरबे को संस्कृत में यूष कहा जाता है शोरिश विप्लव होता है 1857 जैसा धूल उड़ाता हुआ एक कोलाहल और इस समय मैं जो उर्दू-हिन्दी शब्दकोश पढ़ रहा हूँ जिसके सारे शब्द कुचले और सताए हुए लोगों की तरह जीवित हैं इसके सारे शब्द 1857 के स्वतंत्रता-सेनानी हैं ये सूखे हुए पत्ते हैं किसी महावृक्ष के जिससे अभी तक एक प्राचीन संगीत क्रंदन की तरह राहगीरों पर झरता रहता है यह एक ऐसी गोर है जिसके नीचे नमक की नदियाँ लहराती रहती हैं आँधियों में उड़ता हुआ एक तम्बू जो जैसा भी है हमारा आसरा है एक मुकम्मल भरोसा कि यह हमें आगामी आपदाओं से बचाएगा कहीं से भी खोलो इस कोहे-गिराँ को यह कहीं से भी समाप्त नहीं होता है न कहीं भी शुरू जैसे सुपुर्द का मानी हुआ हस्तांतरित तो क्या कि शराब का मटका और सुपुर्दगी होते ही हवालात में बदल जाता है गाने-बजाने का सामान होता है साज़ पर वह षड्यंत्र भी होता है मरते समय की तकलीफ़ को सकरात कहते हैं शब्द है तो मानना ही पड़ेगा कि वह चीज़ अभी अस्तित्व में है सकरात की तकलीफ़ में भी शब्द ही हमारे काम आएँगे यह भरोसा हमें एक शब्दकोश से मिलता है जिसे मैं क्लासिकों का क्लासिक कहता हूँ जिस उर्दू-हिन्दी शब्दकोश को मैं इस समय पढ़ रहा हूँ उसे ख़रीद लाया था सात बरस पहले एक रविवार दिल्ली के दरियागंज से एक किताबों के ढेर से फ़क़त बीस रुपयों में उस कुतुबफ़रोश को भला क्या पता कि गाँधी की तस्वीर वाले एक मैले-कुचैले काग़ज़ के बदले में आबे-हयात बेच रहा है वह एक समूची सभ्यता का सौदा कर रहा है सरे-राह जिसमें सकरात के फ़ौरन बाद सुकूत है और इसके बाद सुकून इसके बाद एक पुरानी रिहाइश है जहाँ हम सबको पहुँचना है काँटों से भरा एक रेशम-मार्ग सिल्क जिसे कभी कौशेय कभी पाट कभी डोरा कभी रेशम कहा गया यह एक सिलसिलाबन्दी है एक पंक्तिबद्धता जो हमारे पैदा होने से बहुत पहले से चली आती है क्या आप जानते हैं कि समन्दर एक कीड़े का नाम है जो आग में रहता है ऐसी ऐसी हैरतअंगेज़ आश्चर्यकारी बातें इन लफ़्ज़ों से बसंत के बाद की मलयानिल वायु में मंजरियों की तरह झरती रहती हैं ऐसे ऐसे रोज़गार आँखों के सामने से गुज़रते हैं मसलन संगसाज़ उस आदमी को कहते हैं जो

छापेख़ाने में पत्थर को ठीक करता और उसकी ग़लतियाँ बनाता था और यह देखकर हम कितने सीना सिपर हो जाते थे कि हर आपत्ति-विपत्ति का सामना करने को तैयार रहने वालों के लिए भी एक लफ़्ज़ बना है तथा जिसे कायाप्रवेश कहते हैं अर्थात अपनी रूह को किसी दूसरे के जिस्म में दाख़िल करने के इल्म को सीमिया कहते हैं जो लोग यह सोच रहे हैं कि अश्लीलता और भौंडापन इधर हाल की इलालातें हैं उन्हें यह जानना चाहिए कि यह उरयानी बहुत पुरानी है पुरानी से भी पुरानी दो पुरानी से भी अधिक पुरानी काशी की तरह पुरानी लोलुपता जितनी पुरानी लालसा और कामशक्तिवर्द्धक तेल तमा जितनी पुरानी और जिसमें उग्रता, प्रचंडता और सख़्त तेज़ी जैसी चीज़ें हों उसे तूफ़ान कहा जाता है और आदत अपने आप में एक इल्लत है जैसा कि पूर्वकथन है कि इसे कहीं से भी पढ़ा जा सकता है कहीं पर भी समाप्त किया जा सकता है फिर से शुरू करने के लिए एक शब्द के थोड़ी दूर पीछे चलकर देखो तुम्हें वहाँ कुछ जलने की गन्ध आएगी एक आर्त्तनाद सुनाई पड़ेगा कुछ शब्द तो लुटेरों के साथ बहुत दूर तक चले आए लगभग गिड़गिड़ाते रहम की भीख माँगते हुए शताब्दियों के इस सफ़र में शब्द थोड़े थक गए हैं फिर भी वे सिपाहियों की तरह सन्नद्ध हैं रेगिस्तान नदियों समन्दरों पहाड़ों के रास्ते वे आए हैं इतनी दूर से ये शब्द विजेताओं की रख हैं जो यहाँ से दूर फ़ारस की खाड़ी तक उड़ रही है इनका धूल धूसरित चेहरा ही इनकी पहचान है ये अपने बिछड़े हुओं के लिए बिलखते हैं और एक भविष्य में होने वाले हादसे का सोग मनाते हैं और इनके बच्चे काले तिल के कारण अलग से पहचाने जाते हैं यहाँ उक़ाब को गरुड़ कहते हैं जिसे किसने देखा है एक ग़रीबुल-वतन के लिए भी यहाँ एक घर है कहने के लिए कंगाल भी यहाँ सरमाएदार की तरह क़ाबिज़ है यह एक ऐसा भूला हुआ गणतंत्र है जहाँ करीम और करीह पड़ोसी की तरह रहते हैं यह अब तक की मनुष्यता की कुल्लियात है हर करवट बैठ चुके ऊँट का कोहान एक ऐसा गुज़रगाह जिस पर गुज़िश्ता समय की पदचाप गूँज रही है और इससे गुज़रते हुए ही हम यह समझ सकते हैं कि हमारा यह उत्तर-आधुनिक समय दरअस्ल देरीदा-हाल नहीं बल्कि दरीदा-हाल है किंवा यह फटा-पुराना समय पहनकर ही हम इस नए ज़माने में रह सकते हैं यह जानते हुए कि लिफ़ाफ़ा ख़त भेजने के ही काम नहीं आता हम चाहें तो इसे मृत शरीरों पर भी लपेट सकते हैं एक निरंतर संवाद एक मनुष्य का दूसरे से लगातार वाकोपवाक एक अन्तहीन बातचीत कई बार तो यह शब्दकोश जले हुए घरों का कोई मिस्मार नगर लगता है जहाँ के बाशिंदे उस अज्ञात लड़ाई में मारे गए जो इतिहास में दर्ज नहीं है एक कोई डूबा हुआ जहाज़ एक ज़ंग खाई ज़ंजीर टूटा हुआ कोई लंगर एक सूखा

हुआ समुद्र उजाड़ रेगिस्तान एक वीरान बन्दरगाह एक उजड़ा हुआ भटियारख़ाना इसी तरह धीरे धीरे हमारी आँखें खुलती हैं और हवा के झोंकों से जब गुज़िश्ता गर्द हटती है तब हमारा एक नई दुनिया से सामना होता है जहाँ विपत्तियों-आपदाओं और बुरे वक़्त में इस शब्दकोश से हम उस प्राचीन बूढ़े नाविक की तरह एक प्रार्थना बना सकते हैं;

एक जीर्णशीर्ण शब्दकोश इससे अधिक क्या कर सकता है कि वह मुसीबत के दिनों में मनुष्यता के लिए एक प्रार्थना बन जाए, भले ही वह अनसुनी रहती आई हो!

[2006]

गंगू तेली की माँ

जिस दिन राजा भोज महाकवि माघ के साथ शिकार खेलकर लौटते हुए धारा नगरी का रास्ता भूल गए थे उस दिन गंगू तेली कहाँ था और क्या कर रहा था इस बात का पता हमें लोककथा से नहीं चलता जिसमें खेत में काम करने वाली एक बूढ़ी औरत ने एक सम्राट और एक महाकवि की बोलती बन्द कर दी थी—हो सकता है उस दिन गंगू तेली कहावतें गढ़वाने के लिए किसी लुहार या बढ़ई के पास गया हो बहरहाल राजा और महाकवि धारानगरी का रास्ता पूछने के लिए उस बुढ़िया के पास पहुँचे तो वह अपने काम में इतना तल्लीन थी कि उसे कुछ देर तक तो इसका आभास भी नहीं हुआ कि कोई उससे कुछ पूछ रहा है फिर भी महाकवि माघ ने जब-जब उससे पूछा कि यह रास्ता कहाँ जाता है तो उसने दोनों को ग़ौर से देखा और कहा कि रास्ता तो कहीं नहीं जाता है यहीं रहता है इस पर चलने वाले कहीं जाते हैं और यह भी पूछा कि आप कौन लोग हो इस पर महाकवि ने कहा कि हम अतिथि हैं तो उस बुढ़िया ने कहा कि अतिथि तो दो होते हैं सूरज और चन्द्रमा इनमें से तुम कौन हो सच बताओ तो महाकवि ने कहा कि हम पाहुन हैं तो बुढ़िया ने कहा कि पाहुन तो दो होते हैं एक धन और दूसरा जीवन इनमें से तुम कौन हो सच बतलाओ इस बार राजा भोज ने कहा कि हम राजा हैं तो उस बुढ़िया ने कहा कि राजा तो दो होते हैं दंड और यम तुम इनमें से कौन हो इस बार महाकवि ने अपनी कल्पनाशक्ति का उपयोग करते हुए कहा कि हम क्षमाशील हैं तो उस वृद्धा ने कहा कि क्षमाशील तो सिर्फ़ दो होते हैं एक धरती दूसरी स्त्री तुम इनमें से कौन हो तब महाकवि माघ ने अपनी कल्पना का एक और घोड़ा दौड़ाया और कहा कि माताराम हम तो उजले हैं तो बुढ़िया ने अपनी आँखों को गोल-गोल घुमाते हुए कहा कि उजले तो दो होते हैं एक तो पानी दूजा सातू इनमें से तुम कौन हो तो इस बार राजा भोज ने कहा कि हम तो ग़रीब हैं तो उस वृद्ध स्त्री ने कहा कि ग़रीब तो दो होते हैं एक तो बकरी का जाया बकरा और दूसरा डीकरी तुम इनमें से कौन हो तो राजा भोज ने कहा कि हम तो सफ़ेद हैं इस पर फिर वृद्धा ने कहा कि

सफ़ेद तो सिर्फ़ दो होते हैं एक बैल दूसरा कपास तुम इनमें से कौन हो तब तक महाकवि माघ इस अन-होने शास्त्रार्थ से और उस अनजान बूढ़ी औरत की बातों से ऊपर तक भर चुका था सो उसने कहा कि हम तो भरे हुए हैं इस पर उस डोकरी ने कहा कि भरे हुए तो केवल दो होते एक बादल एक स्त्री इनमें से तुम कौन हो इस बार राजा भोज और महाकवि माघ दोनों एक साथ बोल पड़े कि हम तो हारे हुए हैं तो उस औरत ने कहा कि हारे हुए तो दो एक कर्ज़दार दूसरा बेटी का बाप इनमें से तुम कौन हो यह सुनकर इस बार उन्होंने कुछ नहीं कहा सिर्फ़ हाथ जोड़ दिए और बोले कि हमें नहीं पता कि हम कौन हैं हम कुछ नहीं जानते तुम ही सब कुछ जानती हो तुम ही बताओ हम कौन हैं तो उस बुज़ुर्ग स्त्री ने हँसते हुए कहा कि तुम तो राजा भोज हो और तुम महाकवि माघ—जाओ, यह रास्ता सीधा धारानगरी को जाता है!

राजा भोज और महाकवि माघ उस रास्ते पर चलते हुए तब तक मुड़-मुड़ कर उस बुढ़िया की तरफ़ देखते रहे जब तक कि वह उनकी आँखों से ओझल नहीं हो गई।

तब तक मालवा के उन चटियल मैदानों पर डूबते हुए सूरज की किरणें झिलमिला रही थीं—तब तक गंगू तेली भी गाँव के लुहारों और बढ़इयों के यहाँ से कुछ कहावतें गढ़वाकर ले आया था जिन्हें उसने अपनी माँ के चरणों में रख दिया था।

इतिहास के किसी स्तोत्र लोककथा लोकमानस की स्मृतियों किसी शिलालेख किसी कालपात्र अथवा महाकवि माघ की तमाम कृतियों में इस बात का कहीं कोई ज़िक्र नहीं मिलता कि उस दिन रास्ता भूल गए राजा भोज और महाकवि माघ की बोलती बन्द कर देने वाली वह वृद्ध स्त्री दरअस्ल गंगू तेली की माँ थी!

[2007]

सिर्फ़ रात

आख़िरी मुहब्बत थी
आख़िरी किताब

आख़िरी सिगरेट थी

और माचिस की अन्तिम काड़ी

यह अन्तिम तूफ़ान था
आख़िरी पैमाना

यह अन्तिम रात की अन्तिम गतिविधि थी

इसके बाद सिर्फ़ रात थी
आँसुओं से भीगी हुई!

[2007]

ऊँट की तलाश में

(केदारनाथ सिंह के साथ जयपुर)

मिर्ज़ा ग़ालिब की कलकत्ता यात्रा जितनी मशहूर है
उतनी ही अख्यात रही आई अभी तक

केदारजी की जयपुर यात्रा

दरअसल वे
एक ऊँट की तलाश में उधर गए थे
जिसे वे दिल्ली के साकेत मोहल्ले के
अपने डुप्लेक्स फ़्लैट में पालना चाहते थे
इस काम के लिए उन्हें एक गडरिये की ज़रूरत थी
इस तरह मैं उनके साथ हो लिया था

झमाझम थी बारिश
प्राचीन बिजलियाँ चिल्लाती थीं
धूप थी तेज़ और तीखी रास्ते में
गलता के पत्थर बन्दरों की आँखों की तरह चमकते थे

जब तक हम पहुँचते ऊँटों के झुंड तक
हमें घेर लिया कवियों के एक झुंड ने
वे चाहते थे केदारजी करें कविता की किताब का विमोचन
कहा केदारजी ने—
कविता पक्की स्याही से छपते ही विमोचित हो जाती है
बकौल शमशेर—लिखी जाकर ही हो जाती है प्रकाशित

एक बन्दर गलताजी की छतरियों पर
एक कुत्ते से अठखेलियाँ करता था
उनके सम्मान में

केदारजी एक अच्छे ऊँट की तलाश में थे
और मीर को बेतरह याद किये जाते थे
अक्सर हमारे साथ के बीमार मर गए

आँधियों के आसार ऊँटों के कोहान छू रहे थे
धूल के बवंडर डोलते थे गुलाबी नगर में
प्यार कहीं नहीं था
सिर्फ़ दीवारों पर गुलाबी धब्बे थे

वे दरअसल रचना चाहते थे
ऊँट के पिलाण पर बैठकर
उष्ट्र-छंद में
भयानक ख़बरों वाला एक महा-काव्य

हम पानी के जहाज़ पर सवार थे

और उसी इतिहास-प्रसिद्ध रेशम-मार्ग से गुज़र रहे थे
जहाँ कभी विलुप्त सरस्वती नदी बहती थी

पिछली शताब्दी का एक भूला हुआ मिसरा
एक शमी-वृक्ष की डालियों से लिपटा हुआ था

उनकी यह भी दिली ख़्वाहिश थी कि
ऊँट पर चढ़कर समूचे मध्येशिया का एक चक्कर लगाया जाए
जहाँ कभी लेव तोलस्तोय
अपनी साइकिल की घंटी बजाकर
केदारजी के ऊँट से रास्ता माँगते हों

इस भयानक बेला में
सिर्फ़ ऊँट ही एक भरोसा है

जो खड़ा हुआ है तनकर
आने वाले अकाल के लिए तैयार

उसके लिए खुली हैं दसों दिशाएँ!

[2007]

कल की बात

अभी कल की बात है
मैं धारीदार नीला जाँघिया पहने
उघाड़े बदन घूमता था

अभी कल की बात है
मैं सकीना मौसी के आले से
अठन्नी चुराकर बाज़ार की तरफ़ भागा था

अभी कल की बात है
मुख्य द्वार पर खड़े चाट वाले से छिपने के लिए
मैं दीवार फाँदकर स्कूल में घुसता था

अभी कल की बात है
जब दो चुटिया वाली लड़की के लिए
मैं कृष्ण की तरह बाँसुरी बजाता था

अभी कल की बात है
मेरी जेबों में भरे रहते थे
सूखे हुए मीठे बेर

अभी कल की बात है
जब दो चिकने पत्थरों को रगड़कर
मैं सुलगाता था सिगरेट

अभी कल की बात है
जब बिना टिकट रेल में चढ़कर

ज़ंजीर खींचकर जंगल में गुम हो जाता था

अरथी पर सजाकर कहाँ ले जा रहे हो मुझे
अभी तो मैं पैदा हुआ था
अभी कल की बात है!

[2009]

मेरी मोनालिसा

डमरू में सबसे रहस्यमय चीज़
उसका जुन्नार होता है

वरना तो तस्बीह के दाने गिनते रहो

डमरू नहीं बजेगा

डमरू नहीं बजेगा
तो लास्य होगा न तांडव
कुछ नहीं होगा सिर्फ़ सन्नाटा होगा

डमरू बजाओ
डमरू बजाने के लिए होता है
ड्राइंग रूम में टाँगने के लिए नहीं, मेरी मोनालिसा!

[2009]

मनुष्यता का गोलम्बर

स्त्रियो, मुझे जूठा करो
बच्चो, मुझ पर कंकर फेंको
कुलीनो, मुझे बदनाम करो
दुश्मनो, मुझ पर कीचड़ उछालो

दोस्तो, मुझे अपवित्र करो
कवियो, मुझे भूल जाओ

पवित्रता एक मिथक है
आकाश में उड़ता हुआ कोई गरुड़
एक काल्पनिक पक्षी
पवित्र किताबों ने दुनिया में सर्वाधिक रक्त बहाया है
मैं मनुष्य के दुखों की
एक अपवित्र किताब लिखना चाहता हूँ।

मेरी मिट्टी मत बुहारो
उड़ने दो राख
मुझे अपवित्र रहने दो

मनुष्यता के गोलम्बर पर महापुरुषों की आदमक़द मूर्तियाँ कबूतरों की बीटों से लदी हुई हैं!

[2009]

कबूतर की बीट

जितने भी राष्ट्रपति थे सब विद्वान थे
सारे प्रधानमंत्री कवि
उपराष्ट्रपति भी शेरवानी पहनकर दार्शनिक या शाइर दिखाई देते थे

और मंत्री-गण और सांसद संसद में ऐसे घुसते थे जैसे किसी मुशाइरे में
शिरकत करने जा रहे हों

भारतीय प्रशासनिक सेवा के जितने अधिकारी थे
वे बाक़ायदा प्रकाशित किताबों के कवि थे
भारतीय पुलिस सेवा के अधिकारी अधिकतर कथाकार थे भारतीय विदेश
सेवा का एक पूर्व अधिकारी
ख़राब कवियों का पवनगति से अनुवाद करता था
और इस अनुवादक के लिए
ग़ालिब गुलज़ार अटल बिहारी वाजपेयी और नीतीश कुमार की कविताओं में
कोई फ़र्क़ नहीं था

यह वह समय था जब हत्यारों को भी
कविता का चस्का लग चुका था
और देश के सारे बिल्डरों के यहाँ हर शाम
स्कॉच-सिंचित काव्य-गोष्ठियाँ होना अनिवार्य था

मैं जिस सिटी-बस में बैठकर यहाँ आया
उसके ड्राइवर और कंडक्टर दोनों कवि थे

और बस की सारी सवारियाँ
अपना-अपना काव्य-संग्रह पढ़ रही थीं

मोची भी कवि था
जिससे मैंने जूते सिलवाए
और सबसे आश्चर्य की बात यह थी
कि कवि भी यहाँ पर कवि थे

अगर देश के सारे कविता-संग्रह जलाए जाएँ
तो दो-चार साल तक आग न बुझे

मैं किसी ऐसे मनुष्य से मिलना चाहता हूँ जो कवि न हो

मैं चाहे कबूतर की सूखी हुई बीट हूँ
पर कवि नहीं हूँ!

[2009]

गोल डाकखाना

क्या अब भी लिखे जाते हैं पोस्टकार्ड
अन्तर्देशीय जिनके भीतर कुछ भी रखने की मनाही थी
या नहीं बचा कोई समाचार

क्या अब नहीं लिखी जाएगी कोई चिट्ठी
कोई प्रेम-पत्र

वे साइकिलें कहाँ गईं
जिन पर लटकते रहते थे झोले
जिनमें से चिट्ठियाँ झाँकती रहती थीं
वे डाकिये क्या हुए
जिनका हर दिन इन्तिज़ार रहता था

क्या कोई बता सकता है पुराने डाकघर का पता
जहाँ लगा रहता था चिट्ठियों का ढेर

चिट्ठी अब एक फटा हुआ काग़ज़ है
डाकघर अब एक उजड़ी हुई इमारत

और नई दिल्ली स्थित गोल डाकख़ाना
जो गोल डाकख़ाने के पास है
अब एक पुराना पता भर है!

[2010]

अकेला नहीं सोया

स्त्रियों के साथ कम
अधिकतर मैं अपनी बरबादियों के साथ सोया

एक दिन मुझे हँसते-हँसते नींद आ गई
एक दिन मैं रोते-रोते सो गया

थोड़ी दूर साथ चलने के बाद सब चले गए
पर दुर्भाग्य ने मेरा साथ कभी नहीं छोड़ा

एक दिन जब मैं सोकर उठा तो देखा
एक किताब मेरे सीने से लिपटी हुई है

एक दिन मैं भूखा सो गया
एक दिन किसी ने खाना खिला दिया तो नींद आ गई

एक दिन मैं रेलवे स्टेशन की बेंच पर बैठे-बैठे सो गया
एक दिन मैं डीटीसी की बस में खड़े-खड़े सो गया

एक दिन जब मैं नींद के सागर में डूब रहा था
तो कोई मुझे हल्के-हल्के थपकियाँ दे रहा था

मैं जागा रहा या सोता

मेरा चश्मा और क़लम मेरे आसपास रहे

एक दिन रात को जब भारतीय हॉकी टीम मध्यांतर तक 3:1 से आगे थी तो मुझे नींद आ गई और जब सुबह जागा तो पता चला भारत जर्मनी से 4:3 से हार गया है

जब भी सोया
किसी के साथ सोया
मैं अकेला कभी नहीं सोया

एक अदृश्य चादर मुझ पर हमेशा तनी रही!

[2010]

बुझने से पहले

आधी-अधूरी-पूरी यात्राओं के बीच कहीं-कहीं विश्राम ऐसे मिलता है

जैसे कोई थका हुआ मुसाफ़िर हो
अपने पिछले पड़ाव की धूल झाड़ता हुआ
कहीं नहीं पहुँचता हुआ एक अविराम यात्री

एक जर्जर जहाज़ जो लगभग समुद्र में बदल गया है
सफ़ेद फ़ेन उगलता हुआ मचलता हुआ लहराता हुआ
यह पानी से बना हुआ जहाज़ है जो काष्ठ की लहरों पर बह रहा है
और जिसकी जर्जरता पानी से बनी है
जो जब-तब चमकती रहती है आँखों में एक चौंध की तरह

जैसे बहुत पुराना कोई रुका हुआ क्रंदन हो
ऐसी-ऐसी अज्ञात आवाज़ें किसी और ही युग की
जो शायद इस समुद्र में किसी अज्ञात द्वीप के किसी अज्ञात वृक्ष से लिपटी हुई रह गई हों

एक लोहे की साँकल काई से लिपटी हुई
जैसे कोई कुचला हुआ नाग बहुत सारी आवाज़ों से लिथड़ा हुआ

एक उजड़ा हुआ बाज़ार एक वीरान होती बस्ती

जैसे सृष्टि की चलती हुई अन्तिम रेलगाड़ी
भाप कोयला बिजली से नहीं मनुष्य की आवाज़ों से चलने वाली रेलगाड़ी
जो हमें एक नए ही ज़माने में ले जाकर छोड़ेगी

इसके बाद पटरियाँ उखाड़ ली जाएँगी
और रेलवे-स्टेशन पर चमगादड़ मँडराएँगे

किसी उजड़े हुए रेलवे स्टेशन को देखना अपने अतीत को देखना है
जिसे हम भूलते जाते हैं जीवन और दुनिया की भागदौड़ में

एक धीमी मौत मरते हुए हम गुज़रते रहते हैं
इस गुज़रते हुए समय से कंधे टकराते हुए

और सोचते हुए कि हम भी इस दुनिया के एक यात्री हैं
थके हुए और आशा-निराशा से भरे हुए

अँधेरी रात में हम तारों की तरह टिमटिमाते रहते हैं

बुझने से पहले
दूसरे तारों को जलाते हुए
हम इस धरती पर हर-रात गिरते रहते हैं!

[2011]

ख़ूनख़राबा

हर नया वाक्य
जोखिम उठाकर ही लिखा जा सकता है

लिखे जा रहे हो लिखे जा रहे हो लिखे जा रहे हो

दुनिया एक दफ़्तर बन गई है

कुछ दिन नहीं लिखोगे तो क्या बिगड़ जाएगा

लुटेरा देखते-देखते भाग जाता है
और तुम लिखते रहते हो

अनपढ़ राष्ट्राध्यक्ष देखता रहता है
अपने नागरिकों को लिखते हुए प्रार्थना-पत्र

जब पत्थर से पत्थर टकराता है
क्या वह आवाज़ लिख सकते हो
क्या क्रंदन को क्रंदन की तरह लिख सकते हो

क़लम को कुछ दिन आराम करने दो
जब निकालो उसे स्याही की दवात से
जैसे कोई तलवार निकालता है मियान से

जब लिखो तो यह सोचकर लिखना
कि लिखना घाटे का बही-खाता है

लिखना एक लड़ाई है
यह एक ख़ून-ख़राबा है!

[2011]

क़त्लगाह/ईदगाह

हामिद ईदगाह से बाहर निकला।

ईद के मेले की चहल-पहल थी। हामिद की उम्र के लड़के नए कपड़े पहने शर्बत पी रहे थे, जलेबियाँ खा रहे

थे, झूलों पर झूल रहे थे, बाइस्कोप देख रहे थे, बन्दर का नाच देख रहे थे, बन्दूक़ से गुब्बारे फोड़ रहे थे।

हामिद के हाथ में एक चिमटा था, जिसे उसने अभी-अभी मेले से ख़रीदा था—अपनी दादी के लिए, जिसकी अँगुलियाँ रोटियाँ सेंकते हुए बार-बार गर्म तवे से छू जाती थीं। दादी की कोमल अँगुलियाँ जल-जल कर कठोर हो गई थीं।

हामिद जल्दी से जल्दी घर पहुँचना चाहता था और दादी के हाथ में चिमटा थमाना चाहता था। वह तेज़ तेज़ क़दमों से घर की तरफ़ जा रहा था कि किसी ने पीछे से उसकी क़मीज़ पकड़कर उसे खींचा।

'रुक साले, कहाँ भागा जा रहा है।' हामिद ने देखा वे चार जने हैं जो उससे पूछताछ कर रहे हैं।

'घर जा रहा हूँ।' हामिद ने कहा।

'और यह चिमटा कहाँ से चुराकर लाया है?' दूसरे ने कहा।

'ख़रीदकर लाया हूँ मेले से।' चौदह वर्षीय हामिद ने मायूस होकर कहा।

'झूठ बोलता है। ज़रूर चुराकर लाया है तभी भाग रहा था।' तीसरे ने यह कहते हुए हामिद के पेट पर लात से प्रहार किया।

हामिद गिर गया। गिड़गिड़ाने लगा। रोने लगा। हाथ जोड़ने लगा।

चोर है, चोर है सुनकर गली में भीड़ इकट्ठा हो गई। कोई हामिद के बाल खींच रहा था कोई लात मार रहा था कोई मुक्के मार रहा था।

हामिद उस धूल-भरे रास्ते पर गिर गया। उसके मुँह से ख़ून बहने लगा। अचानक भीड़ में से किसी ने उसके हाथ में कसकर पकड़े गए चिमटे को छीन लिया और उसे धरती पर पड़े हुए गिड़गिड़ाते हुए हामिद के पेट में घुसेड़ दिया।

ख़ून का फ़ौव्वारा बह निकला और कुछ देर में हामिद ने वहीं धूल में पड़े हुए दम तोड़ दिया।

रास्ते में हामिद की लहू-लुहान लाश पड़ी हुई थी। चिमटा अभी भी उसके पेट में घुसा हुआ था और भीड़ भारतमाता की जय के नारे लगा रही थी।

और उधर हामिद की दादी मीठी सिवइयाँ बनाकर, घर के बाहर बैठी हुई, हामिद का इन्तिज़ार कर रही थी।

[2012]

संगीत-सुधा-सार

जैसे कोई बाघ डुकर रहा हो
कोई हाथी चिंघाड़ता हो
शेर दहाड़ रहा हो जैसे
कोई हिरण कुलाँचे भरता हो

कभी सुना है ध्रुवपद
जैसे किसी निर्जन में साँय साँय सन्नाटा
इसके बाद गिरता है कोमल-ध्रुपद का कलरव
और पखावज
जैसे कुमैत-अश्वों की टोली हो दौड़ती हुई टप टप

संगीत मनुष्य से जानवर बनने की कला है
जंगली-जानवर वन्य-जीव बेख़ौफ़-स्वतंत्र-उन्मुक्त

ध्यान से सुनो नारद ऋषि की बात
मयूर षड़ज में बोलता है
गायें ऋषभ में रँभाती हैं
सारस मध्यम में बोलता है
बकरी गंधार में
कोयल पंचम सुर में कूकती है
घोड़ा धैवत में धावता है
और हाथी निषाद में

जितने भी राग मनुष्य ने बनाए

वह उनसे अच्छा जानवर गा सकते हैं

सुर साधने से पहले
जंगली बेर खाना मत भूलना
जो जितना जानवर होगा उतना बड़ा गायक होगा

कविता एकमात्र कला है दुनिया में
जिसके लिए मनुष्य होना ज़रूरी होता है!

[2012]

बसंतसेना

बसंतसेना जिसको मारती थी
पूरा नहीं आधा मारती थी

उसका तीर जिगर के पार नहीं होता था

हृदय में धँसा रह जाता था

वह जीवित रहता था न मृत
एक धीमी आँच सुलगती रहती थी
तमाम उम्र
उसका दाह-संस्कार होता रहता था

एक अनी
जीवन-भर करकती रहती थी

जो जानने का दावा करते थे
वे सारे कवि मक्कार थे

घायल की गति केवल घायल जानता था
या जानता था ग़रीब चारुदत्त!

[2012]

मीठा प्याज

अनाज ख़त्म हो जाता था
पर प्याज नहीं
वे लुढ़के रहते थे रसोई के कोनों में
और लुढ़कते रहते थे

छत से सीढ़ियों से आँगन तक
एक भरोसा जताते हुए कि हम भूख से नहीं मरेंगे

ऐसा भी एक ज़माना था
जब हम प्याज को काँदा कहते थे
और गर्मी और भीषण लू के दिनों में
हम प्याज के परदों के पीछे छिपे रहते थे

अमरित और आँसू की तरह खारा और मीठा
वह कंदमूल कहाँ गया

बाजरे की रोटी पर मुट्ठी से कूटा हुआ मीठा प्याज
लहसुन की चटनी
और साम्भर-झील का नमक

कहाँ गया वह ज़माना
जब धरती पर लहराता हुआ झूमता हुआ बाजरा
दुश्मनों से हमारी रक्षा करता था

कितना ज़माना बीत गया
मीठा प्याज खाये!

[2012]

कवियों के कंकाल

मैं देखना चाहता था कि
शब्दों में कितनी शक्ति बची हुई है

बेचैनी में कितनी बेचैनी

शांति में कितनी शांति

मैंने देखा प्यार नामक शब्द में
कुछ जलने की गंध आ रही थी

झूठ अब उतना झूठा नहीं रहा था
जितने महान थे उतने टुच्चे थे
लुच्चे थे
जितने भी सदाचारी थे

सच्चाई पर अब किसी को यक़ीन नहीं था
धीरज में से धैर्य ग़ायब था

पानी अब प्यास नहीं बुझाता था
अग्नि के साथ-साथ चलता था अग्नि-शमन दस्ता

शब्दों के सिर्फ़ खोखल बचे थे
उनका अर्थ सूख गया था

जब भी लिखता था कविता

एक संरचना हाथ आती थी

कवि अब कहाँ थे
हर तरफ़ कवियों के कंकाल थे!

[2012]

अविनय पत्रिका

मैं एक हारा हुआ जुआरी हूँ
एक दिवालिया व्यापारी
एक ठुकराया हुआ कवि

अछूतोद्धार से छूटा हुआ कोई अछूत
अवर्ण जैसा कोई सवर्ण
एक पतित ब्राह्मण कायर क्षत्रिय
अपनी कला भूल गया एक बढ़ई
एक क़ाफ़िर एक म्लेच्छ
अपनी भेड़ों को खो चुका गड़रिया

पतितन को टीको

इस असार-संसार में मैं बेकार हूँ
धरती पर बोझ

इस भवसागर में मेरी नाव हिचकोले खा रही है
मुझे उस पार पहुँचाओ प्रभु
वहाँ कोई मेरी प्रतीक्षा कर रहा है!

[2013]

कविता के विरुद्ध-1

कविता लिखना अपराध है
किसी ख़ास मक़सद के लिए किया गया जुर्म

कविता पुरस्कृत होने की कला नहीं
सज़ायाफ़्ता होने की छटपटाहट है
जो सभागारों में सिसक रहे हैं वे कवि नहीं हैं
कवि वे हैं जो रूमाल से अपना चेहरा छिपाए
संसार से छुपते फिरते हैं

कारागार पहली बार कवियों के लिए बनाए गए थे
कालांतर में उनमें
चोर-उचक्कों क़ातिल-लुटेरों को भी रखा जाने लगा
और काल-कोठरियों का निर्माण
महाकवियों के लिए किया गया था

कवि मर-खप जाते हैं
लेकिन कविताएँ अनाथ बच्चों की तरह
दुनिया-भर में भटकती रहती हैं!

[2013]

कविता के विरुद्ध-2

फ़िल्मों में गाने लिख लेते
चश्मे की दूकान खोल लेते
अख़बार में प्रूफ़ पढ़ लेते

शहर के सर्वाधिक मनमोहक चौराहे के नुक्कड़ पर जूते गाँठते
रेडियो पर बजता रहता विविध भारती

पेंटर बन जाते
बनाते सिनेमा के होर्डिंग

किसी रेलवे-स्टेशन पर बेचते अफ़ीम-चाय

बच्चों को पढ़ाते
किसी गाँव के प्राइमरी स्कूल में

हज़ार धंधे थे संसार में
सुकून से गुज़र-बसर करने को

किसने कहा था कविता करने को
यह दिल दुखाने का प्राचीन कारोबार
जिसकी सज़ा उम्रक़ैद है
आजीवन-कविता-कारावास!

[2013]

कविता के विरुद्ध-3

नाव थी धँसी हुई
पुल था रस्से की तरह तना हुआ

गंगा थी उत्तरवाहिनी
घाट था कष्टहरणी

एक रेलवे-स्टेशन था उजड़ा हुआ
जो अब चमगादड़ों का घर था

यह पानी से भीगा हुआ मटमैला दृश्य था
जिसके पार्श्व में
एक क़िला था ढहता हुआ

किसी अघोरी की तरह टहलता हुआ काल था
कविता जहाँ अवरोध थी!

[2013]

नया प्रेम

बड़ा तालाब के उस घुमावदार मोड़ पर
अचानक पास से गुज़रा
एम पी-1446 नम्बर का एक जर्जर वेस्पा स्कूटर
जो पचास बरस से कम क्या पुराना होगा

जिस पर नीला रंग शायद तीसरी बार किया गया होगा
जिसके नीचे से हरा और सफ़ेद रंग भी झाँक रहे थे
और जिसके घिसे हुए पहिये उससे भी पुराने लगते थे

उसे जालीदार मुस्लिम टोपी पहने हुए
एक उठता हुआ छरहरा जवान चला रहा था
और जिसके पीछे खुले मुँह बुरक़े में लिपटी हुई
एक तन्वंगी कन्या बैठी थी
उस नौजवान को कसकर पकड़े हुए

ऐसा लगता था जैसे वह युवा-युगल हवा में उड़ रहा हो
और वह खरखराता पुराना स्कूटर उनका पीछा करता हो

स्कूटर पुराना था
तालाब उस से भी पुराना
और वह वटवृक्ष और भी प्राचीन था
जहाँ मैं खड़ा था

सभी कुछ पुराना था
लेकिन प्रेम नया-नकोर था

जो स्कूटर पर चढ़कर
उस लम्बी घुमावदार सड़क पर बेख़ौफ़ सैर कर रहा था
जिसकी सुवास हर तरफ़ बिखरी हुई थी

बारिश बस होने-होने को थी!

[2013]

नमक की मंडी

वह 1980 की एक तपती हुई दोपहर थी
जब जयपुर के इंडियन कॉफ़ी हाउस का
जालीदार दरवाज़ा खोलकर
हुसेन अंदर दाख़िल हुए थे

नंगे पाँव
कूचियों और कैमरे से लैस

हुसेन जब भी जयपुर आते
यहाँ ज़रूर आते
कॉफ़ी हाउस उनका पुराना अड्डा था
और हमारा नया

आते ही हुसेन घिर गए
चित्रकारों कवियों पत्रकारों से
जैसे थम गया हो समय
जैसे पूर्ण हो गया हो चित्र
जैसे अपनी धुरी पर आ गई हो पृथ्वी

राजपूताने के गहरे-गाढ़े रंग लुभाते थे हुसेन को
लाल रंग मिर्च की तरह तीखा
हरा अश्वत्थ के कोमल पत्तों की तरह शीतल
सुनहरा बालू रेत की तरह चमकता
सफ़ेद कैनवास की तरह कोरा
काला अमावस्या की रात की तरह गाढ़ा

वे आते थे राजस्थान रंगों की खोज में
जीवन की खोज में आकृतियों की खोज में
और उन मनुष्यों की खोज में
जो आधुनिकता के अंधड़ में
निरन्तर ग़ायब हो रहे थे कैनवास से

रेगिस्तान के बीचों-बीच बसा हुआ जैसलमेर
सत्यजित रे की तरह हुसेन का भी प्रिय नगर था
जहाँ जाते हुए और आते हुए
हुसेन आते थे गुलाबी नगर

जब कॉफ़ी और गपशप का दौर ख़त्म हुआ
हुसेन उठे उन्हें जाना था चौड़ा रास्ता
अपने मित्र और बंगाल शैली के
पुराने चित्रकार रामगोपाल विजयवर्गीय से मिलने
मैं इस तरह हुसेन के साथ हो लिया था
रास्ता दिखाने को

लेकिन चौड़ा रस्ता से पहले ही वे मुड़ गए
किशनपोल बाज़ार की तरफ़
जहाँ दूर-दूर तक रंग-बिरंगे कपड़े सूखते थे
दीवारों और छतों पर
वे नमक की मंडी के पास मुड़ गए
रंगरेज़ों के मोहल्ले की ओर
जहाँ चूल्हे पर रखी हँडिया में
उबल रहा था गाढ़ा-पक्का रंग
ऐसा रंग जिसके बाद चढ़े न दूजो रंग

हुसेन वहीं एक चबूतरे पर बैठ गए
अपने मूवी कैमरे से खेलते हुए
गली के बच्चों ने जब घेर लिया हुसेन को
तब वे अपनी लम्बी कूची से
उन्हें हटाने लगे भगाने लगे
तब तक मुझे नहीं पता था कि

कूची से छड़ी का काम भी लिया जा सकता है

इसके इतने बरसों बाद
जब भी गुज़रता हूँ नमक की मंडी से
मुझे हुसेन याद आते हैं

एक मुसाफ़िर एक मुसव्विर एक दरवेश
याद आता है एक रंगरेज़
जिसे कालांतर में दे दिया गया देश-निकाला!

[2014]

मेरी प्रेम कथाएँ

काली साँडनी पर चढ़कर आती थी सुगन कँवर
मेरी राजपूत प्रेमिका

दुर्गा मन्दिर के पिछवाड़े
मेरी प्रतीक्षा करती थी सुमन शर्मा
मेरी ब्राह्मण प्रेमिका

जब मैं अपनी दलित प्रेमिका कुसुम से मिलने
खेतों की तरफ़ जाता था
तो मेरा रास्ता रोक लेती थी पूनम माहेश्वरी
जो मेरी बनिया प्रेमिका थी

लेकिन मेरी असली मुहब्बत एक सुनारन से थी
स्वर्णलता नाम था उसका

क़स्बे के एकमात्र बंगाली डॉक्टर की लड़की का नाम दीपा मालाकार था
और उसके प्रेम में मुझ समेत सभी डूबे हुए थे

एक दिन मैं संगीता की चुन्नी चुराकर पेड़ पर चढ़ गया था
जो कायस्थ थी सक्सेना

उस गूजरी हरखी को कैसे भूल जाऊँ
कैसे भूल जाऊँ कमला कुम्हारन को जो ओक से पिलाती
थी शीतल और मीठा-जल
और वह मधु नाम की मालन
जो छिपाकर लाती थी मेरे लिए मीठी गाजर

जाटनियों से मैं बहुत डरता था
लेकिन एक दिन जब सतवंती ने अपने पास बुलाकर मीठा बेर खिलाकर
मुझे चूम लिया तो मेरा डर जाता रहा

और आयशा जो पठान थी
जो मुझे तख़्ती पर उर्दू हर्फ़ लिखना सिखाती थी तो उसका हाथ मैं बार-बार
छूता था और वह मुस्कुराती थी

क्या ज़माना था वह
जब हर दिशा से प्यार पुकारता था
हर मोड़ पर कोई प्रेमिका इंतिज़ार करती थी

रेगिस्तान के उस क़स्बे में
आज तक मेरे प्यार की धूल उड़ती है!

[2014]

खंडहर पर घास

यह ऐसा अभागा समय था
जब ठगों और लेखकों में
कवियों और जेबकतरों में
नाटककारों और भँडैतों में

चित्रकारों और पुताईगरों में
प्रोफ़ेसरों और मवालियों में
कुलपतियों और कमीनों में
पुजारियों और कसाइयों में
सम्पादकों और दलालों में कोई फ़र्क़ नहीं रह गया था

एक भूतपूर्व नौकरशाह की इच्छा थी
कि उसे एक कवि के बतौर याद रखा जाए
एक हत्यारे की आकांक्षा थी
कि उसकी आदमक़द प्रतिमा नगर के मुख्य चौराहे पर लगे
एक मसखरे की माँग थी
कि उसे युग-प्रवर्तक समझा जाए

यह एक जल-प्लावन जैसी स्थिति थी
जहाँ सब एक-दूसरे में घुले-मिले थे फिर भी अलग-थलग थे
बाज़ार घरों में घुसे हुए थे
घर क़ब्रगाह में बदल गए थे
यहाँ तक कि अन्तिम आशा भी दुराशा में बदल गई थी

बस इतनी सी राहत थी
कि धरती पर अभी घास बची हुई थी

ओस-कणों से भीगी हुई घास
मनुष्य की पगथलियों को चौकन्ना करती हुई गीली घास

और कुछ खंडहर बचे हुए थे
जिन पर धीरे-धीरे घास उगती जाती थी!

[2014]

जाग मछन्दर

बहुत असमय कुंडी खड़काई, गोरखनाथ

जब मैं उत्तुंग-शिखर पर था
सनातन-सम्भोग में था

अखूट-आनन्द में था

जगाने के लिए कहा था
तो सुबह जगा देते
इस तरह अर्द्ध-रात्रि को इस कामरूप में
जहाँ असंख्य जोगनियाँ मेरी प्रतीक्षा में हैं

'भग में लिंग अग्नि में पारा
जो राखे सो गुरु हमारा'
तुमने ही कहा था, गोरख

क्षमा करें, गुरु मछंदरनाथ
इतनी दूर गोरखधाम से आपके आदेशानुसार ही
मैं डूबने से पहले आपको बचाने आया हूँ

बाहर पूरा अनाथ-सम्प्रदाय आपकी प्रतीक्षा में है!

[2014]

नया कवि

नए कवि को सुनो
पुराने कवि पुराने होते जाते हैं

पुराना ही नया होता है
नया ही पुराना होता जाता है
नई आवाज़ में मिली होती है पुरानी आवाज़
जैसे नई टंकार में सुनाई देती है पुरानी टंकार

वृन्त पर उगता हुआ कोमल-कत्थई-पत्ता
प्राचीन पीपल को नया करता है

नया ही पुराने को बचाए हुए है
पुराने में ही छिपा रहता है नया

पुराना प्रतिशोध नया होता जाता है
पुरानी दुश्मनियाँ और पुरानी होती जाती हैं
एक नया क़त्ल पुरानी दुश्मनी को नया करता है

नए कवि को सुनो!
उसमें सारे पुराने कवि शामिल हैं!

[2014]

शब्द

सारे शब्द आँसुओं से भीगे हुए थे
जो नहीं भीगे हुए थे

वे निरर्थ थे

और वे खाये हुए बेरों की गुठलियों की तरह
पगथलियों में चुभते रहते थे!

[2014]

टिटहरी की आवाज़

इतने सारे कवियों का क्या करें
हर शहर में सैकड़ों मिलते हैं
शाइरों की भरमार है वे हर गली-कूचे पर पाए जाते हैं जिनसे बच निकलना तक मुश्किल है

जानता हूँ कि काल की क्रूर छलनी से जब छाना जाएगा तब इनमें से एकाध ही बचेगा लेकिन तब तक क्या करें इन मनहूस मूर्खों का

मुझे मरे हुए कवि पसन्द हैं जिन्हें छलनी से छाना जा चुका है और जिनके कंकर चुन लिये गए हैं मुझे मृत कवियों का साथ पसन्द है जीवित कवियों की बजाय

मरे हुए कवि कभी नहीं कहते आपसे कि सिगरेट पिला दो वे चाय कॉफ़ी के लिए भी नहीं कहते और उन्होंने कभी मदिरा-पान की भी इच्छा ज़ाहिर नहीं की

जीवित कवियों के नखरे स्त्रियों से अधिक होते हैं
जबकि मृत कवि अपनी क़ब्रों में ख़ामोश सोये हुए रहते हैं केवल एक टिटहरी की आवाज़ आती रहती है रह-रह कर!

[2014]

ख़ुद की तलाश

निर्वसन हूँ
और निर्वासित

एक झीना पर्दा है जिसमें मैं छिपा हुआ हूँ

ख़ुद अपनी ओट में
ख़ुद अपनी घात में

मेरा दुर्ग लुट गया मेरा घर ढह गया मेरा खेत उजड़ गया मेरी फ़सल तबाह हो गई मैं अपनी भाषा भूल गया मैं अपने गीत बिसर गया मेरी बाँसुरी टूट गई मेरा रेवड़ बिखर गया मेरे जूते फट गए मेरा क़लम खो गया मेरा ढोल फूट गया मेरा छप्पर उड़ गया मेरा अलाव बुझ गया मेरा प्याला ढुल गया मेरी रोटी कोई खा गया मेरी शराब कोई पी गया मेरी रेलगाड़ी छूट गई मेरा जहाज़ डूब गया मेरा हवाई जहाज़ गिर गया मेरी साइकिल पंक्चर हो गई मेरे दोस्त ग़ायब हो गए मेरे बच्चे मुझे भूल गए मेरी स्त्रियाँ भाग गईं मेरी किताबें जल गईं मेरा चशमा तड़क गया मेरे औज़ार गुम हो गए मेरा लोहा ज़ंग खा गया मेरा पानी उतर गया मेरा दरिया सूख गया

ख़ुद की ही तलाश में
मैं इस संसार में मारा-मारा घूमता हूँ!

[2014]

एक अधूरा उपन्यास

[1]

मैं एक अधूरे उपन्यास की पांडुलिपि हूँ अठारवाँ शहर और सैंतीसवाँ घर छोड़ते हुए यह पांडुलिपि मुझे किताबों के बोझ से दबी फिर नज़र आई जबकि अब मुझे इससे नफ़रत-सी हो चली है जिसके पन्ने पीले पड़ गए हैं गत्ता फट गया है और जिसे मैं पिछले बत्तीस बरसों से किसी गुप्त दस्तावेज़ की तरह छिपाये हुए शहर-दर-शहर घूम रहा हूँ

यह पांडुलिपि फाड़कर फेंकी भी नहीं जाती
आख़िर जितनी भी कमज़ोर है मेरी अपनी ज़िन्दगी है

[2]

इस उपन्यास का प्रथम अध्याय 1990 में जयपुर के अशोक मार्ग स्थित ओ-आठ नंबर के घर के ऑउट-हाउस में बारिश के दिनों में लिखा गया था और मुझे अच्छी तरह याद है कि जब मैं दरवाज़ा खोलकर अपनी लकड़ी की संदूकची पर काग़ज़ रखकर पूरी तल्लीनता से लिखता रहता था तो कमरे में मोर घुस आते थे

एक मोरपंख अभी भी इस पुरानी पांडुलिपि में फँसा हुआ है

[3]

जितने पूरे हुए
उससे अधिक अधूरे उपन्यास हैं दुनिया में

जितनीं लिखी गईं
उससे अधिक कहानियाँ बिखरी हुई हैं संसार में

[4]

बहुत अविस्मरणीय क़िस्से कहानियाँ आख्यान लिखे गए
लेकिन हिन्दी में अभी नया उपन्यास लिखा जाना बाक़ी है

[5]

उपन्यास फ़ुटपाथ पर पैदल चलने की कला है

[6]

सात क़दम धीरज से चलना होता है

उसके बाद
आठवाँ घर उपन्यास का है

[7]

मैं कविता के कंटकाकीर्ण पथ पर लहू-लुहान होता रहा
जबकि मुझे धँसना था गद्य-गह्वर में

जब तक जीवन है तब तक बची रहती है आस
बचा रहता है अधूरा उपन्यास!

[2014]

असली नक़ली

एक नक़ली किसान
एक नक़ली मुख्यमंत्री के सामने

एक नक़ली पेड़ से लटककर मर गया
और नक़ली पुलिस और नक़ली जनता देखती रही

सब नक़ली थे
लेकिन मृत्यु असली थी!

[2014]

दिल्ली के कवि

[1]

कोई शोक का कवि था

कोई लोक का कवि था
कोई सभागार में चहकता था
कोई चौक का कवि था
कोई ख़ुदरा व्यवसायी था
कोई थोक का कवि था
कोई बाँदा से आया था
कोई टोंक का कवि था
इस असार संसार में एक से एक कवि थे!

[2]

रेगिस्तान से जो कवि 1987 में दिल्ली आया था
वह 1990 में जमुना में डूबकर मर गया
अब जो दिखाई पड़ता है
वह उसका जिन्न है!

[3]

एक कवि मुज़फ़्फ़रपुर से चलकर दिल्ली आया
अब दरियागंज ही
उसका चतुर्भुज-स्थान है!

[4]

एक कवि का दावा था कि
वह राजभवन में पैदा हुआ
लेकिन उसके लेखन से लगता था
जैसे वह दालमंडी में पैदा हुआ हो!

[5]

जो कवि प्रयागराज से आया था
वह स्त्री-आखेटक था
उसे मंडी हाउस पर राष्ट्रीय नाट्य विद्यालय के सामने
बीरबानियों के एक समूह ने
सलवार से गला घोंटकर मार डाला!

[6]

एक लुकमान अली था
जो 1966 से लापता था
उसकी लाश पिछले दिनों 50 बरस बाद
संगीत नाटक अकादमी के पीछे की झाड़ियों से बरामद हुई!

[7]

1983 में जो कवि पटना से आया था
वह दरअस्ल पत्रकार था
उसे एक अजीब बीमारी थी
जिन दरवाज़ों पर ताले लटके होते थे
उन्हें वह खटखटाता रहता था!

[2015]

खोया हुआ मिसरा

मेरे पास एक बहर थी
जिस पर मैं जीवन-भर चलता रहा

रास्ते में मुझे कुछ टूटे हुए क़ाफ़िये मिले

जैसे टूटे हुए घड़े हों बिखरे हुए

ख़यालों का एक कारवाँ था
सहरा से गुज़रता हुआ

मैं एक मिटा दी गई सभ्यता हूँ
एक ढहा दी गई इमारत

मैं एक रवायत का मलबा हूँ
एक अधूरी ग़ज़ल

मैं किसी रंगीन चिथड़े की तरह हवा में उड़ता हुआ
एक खोया हुआ मिसरा हूँ

जिसे यार-दोस्त पीने के बाद
कभी-कभी दुहरा लेते हैं!

[2015]

आख़िरी टेलीग्राम

यह दुनिया अब रहने लायक़ नहीं रही थी (.) यहाँ हर-रोज़ मासूम बच्चे और निरपराध नागरिक मौत के घाट उतारे जाते थे (.) हत्यारे अब राष्ट्राध्यक्ष के पद को सुशोभित कर रहे थे (.) जेलों में निरपराध लोग भरे हुए थे (.) जितने भी कवि थे पुरस्कृत हो चुके थे (.) जितनी भी स्त्रियाँ थीं प्रेम कर चुकी थीं (.) दुनिया की सारी कलाकृतियाँ बिक चुकी थीं (.) यह पृथ्वी बन्दूक़ की नोक पर टिकी हुई थी (.) अब केवल घोड़ा दबाया जाना बाक़ी था (.).

[2015]

सिनेमा के बाहर

रोमांस बाहर है
एक्शन बाहर है
गीत-संगीत बाहर है
हाहाकार बाहर है

कहानी बाहर है
नायक, खलनायक और नायिका बाहर है

आरम्भ बाहर है
मध्य बाहर है
इंटरवल बाहर है
क्लाईमेक्स बाहर है

प्रेम बाहर है
हत्याएँ बाहर हैं
तलवारें बाहर हैं
हाथी बाहर हैं घोड़े बाहर हैं
जो परदे पर उड़ती दिखाई दे रही है
वह धूल बाहर है

योद्धा बाहर हैं
मसखरे बाहर हैं
जिन नृत्यांगनाओं का नृत्य तुम परदे पर देख रहे हो
वे बाहर हैं और उनके घुँघरू टूट चुके हैं

बाहर निकलो सिनेमाघरों से
मनोरंजन और हिंसा से भरपूर असली सिनेमा बाहर है!

[2015]

बुलबुल सरकार

बग़ैर बुलबुल सरकार
मूनलाइट थिएटर फ़क़त पत्थरों का पिंजरा था

मूनलाइट के मंच पर

जब बुलबुल सरकार विद्युत-गति से थिरकती थी
तो पूरा कलकत्ता पागल हो जाता था

जितनी भीड़ उन दिनों मूनलाइट थिएटर पर जुटती थी
उतनी मोहन बागान और ईस्ट बंगाल के फ़ुटबाल मैच में नहीं जुटती थी
चौरंगी से लेकर गरियाहाट तक चिपकते थे बुलबुल सरकार के पोस्टर
नियोन लाइट्स में जगमगाती थी बुलबुल सरकार

नाटक के बीच-बीच में नाचती थीं नृत्यांगनाएँ
रूबी घोष, सपना सान्याल, मीरा मुखर्जी, कावेरी बनर्जी, रजनी रागिनी, रूपम बिस्वास और आयशा सुल्तान
लेकिन दर्शक बुलबुल सरकार की प्रतीक्षा करते थे
जो अन्त की तरफ़ आती थी मंच पर
उसके आते ही मूनलाइट थिएटर गूँज उठता था दर्शकों के पागल शोर से

जब नाचती थी बुलबुल सरकार
तब समय थम जाता था कलकत्ता में

यह पाँचवें दशक की बात है
जब मूनलाइट थिएटर कलकत्ता के आकाश का सबसे चमकता हुआ सितारा था जब फ़तेहपुर-शेखावाटी के एक सेठ चम्पालाल चमड़िया ने फटके में

करोड़ों कमाए तो सेठ ने पहला काम मूनलाइट थिएटर को ख़रीदने का किया

अब 30, ताराचन्द दत्ता रोड पर स्थित मूनलाइट थिएटर का मालिक चम्पालाल चमड़िया था और उन अप्सराओं का भी जो मूनलाइट में नाचती थीं

इसी मूनलाइट थिएटर में कभी हिन्दी का एक कवि शलभ श्रीराम सिंह टिकट-काउंटर पर टिकट बेचता था

उस दिन जब मूनलाइट थिएटर में रात का शो जारी था
बुलबुल सरकार सेठ चम्पालाल चमड़िया की सफ़ेद अम्बेसडर गाड़ी में थी
कोलकाता से कोई 2000 किलोमीटर दूर
थोड़ी देर में वे फ़तेहपुर-शेखावाटी पहुँचने वाले थे

जहाँ सेठ चम्पालाल चमड़िया की सूनी और बन्द हवेली उनका इंतिज़ार कर रही थी

सेठ चम्पालाल चमड़िया के मुनीम श्यामसुन्दर सुरोलिया ने सेठजी के आदेशानुसार सुजानगढ़ से साज़िन्दे बुला रखे थे जो हवेली की छत पर अपने साज़ मिला रहे थे

रेगिस्तान के उस सुनसान क़स्बे की उस वीरान हवेली में आज महफ़िल जमने वाली थी
जहाँ बुलबुल सरकार को दर्शकों के लिए नहीं
सिर्फ़ चम्पालाल चमड़िया के लिए नाचना था

चाँदनी रात में हवेली की छत पर विद्युत-तरंगें प्रवाहित होने लगीं
रात की ख़ामोशी में सारंगी, तबले और घुँघरुओं की झंकार सुनकर उस क़स्बे के लोग चौंक उठे

उधर कलकत्ता में मूनलाइट थिएटर में दर्शक बुलबुल सरकार के इंतिज़ार में कावेरी, रूबी, सपना, मीरा, रजनी, रूपम और आयशा का नृत्य देख रहे थे और जब

उन्हें पता चला कि आज बुलबुल सरकार नहीं नाचेगी तो हंगामा हो गया

दर्शक भड़क गए कुर्सियाँ तोड़ डालीं परदे फाड़ डाले और मूनलाइट थिएटर पर पत्थरों की बरसात कर दी

और इधर फ़तेहपुर-शेखावाटी में लोगों को जब पता चला कि सेठ कलकत्ता से कोई नाचने वाली पतुरिया लाया है तो लोग हवेली के बाहर इकट्ठा हो गए कुछ युवा और बच्चे हवेली पर पत्थर फेंकने लगे

अचानक एक पत्थर हवेली की छत पर नृत्य करती बुलबुल सरकार की कनपटी पर आकर लगा तो वह गिर गई

मुनीम श्यामसुन्दर सुरोलिया ने साजिंदों को हवेली के पिछले दरवाज़े से बाहर निकाला सेठ चम्पालाल चमड़िया अपनी सफ़ेद एम्बेसडर गाड़ी से बीकानेर की तरफ़ भाग छूटा

बुलबुल सरकार हवेली की छत पर बेहोश पड़ी थी कुछ
दिन बाद बुलबुल सरकार की लाश हवेली के पिछवाड़े बने कुएँ से बरामद हुई

क्या बुलबुल सरकार की किस्मत पत्थरों से लिखी गई थी
उसकी अनुपस्थिति पर भी पत्थर फेंके जा रहे थे
और उसकी उपस्थिति पर भी

आज भी फ़तेहपुर-शेखावाटी में बच्चे
सेठ चम्पालाल चमड़िया की हवेली के पिछवाड़े बने कुएँ में जब कान लगाकर सुनते हैं तो उन्हें घुँघरुओं की आवाज़ सुनाई देती है

उस कुएँ में इतने पत्थर फेंके जा चुके हैं कि
कुँआ पत्थरों से भर गया है

और कुएँ के भीतर झाँकने पर जो थोड़ा-सा चिलकता हुआ पानी दिखाई पड़ता है उसके बारे में इतिहासकारों का मत है कि यह बुलबुल सरकार के आँसू हैं!

[2016]

फ़ुटबाल के कोच

वे कोमल और कठोर एक साथ होते हैं

परिपक्व और सुन्दर
कोई 45 का कोई 55 का कोई 67 का तो कोई 72 का

धीरज और बेचैनी
युद्ध और शांति
करुणा और क्रोध
प्रेम और घृणा एक साथ झलकती है उनके चेहरों से

वे टहलते रहते हैं मैदान के बाहर बेचैनी से
कभी बैठ जाते हैं कुर्सी पर धम्म से
करते रहते हैं हाथ से इशारे
बुदबुदाते रहते हैं घड़ी घड़ी
ईश्वर ही सुनता होगा इस बुदबुदाहट को

यह ज़रूरी नहीं कि कोच बनने के लिए
खिलाड़ी होना ज़रूरी हो
लेकिन फ़ुटबाल के अधिकांश कोच
फ़ुटबाल के पुराने खिलाड़ी ही होते हैं

वे नहीं चाहते कोई युवा खिलाड़ी चूक जाए
पेनाल्टी कॉर्नर जैसे वह चूका था 1986 के विश्वकप में हेडर गोलपोस्ट से
टकराकर बाहर न चला जाए
जैसे गया था ब्राज़ील के विरुद्ध 1990 के विश्वकप में

जब नगाड़ा बजता है ये तभी नज़र आते हैं
इससे पहले छिपे रहते हैं माँद में

जब भीड़ उठाए घूमती है अपने कंधों पर
किसी पेले किसी माराडोना किसी ज़िदान किसी रोनाल्डो किसी मेस्सी को
तब कोच थपथपाता है पीठ उस मिडफ़ील्डर की
जिसने यह सुन्दर और घातक पास दिया था

हॉलीवुड के सितारे नहीं
फ़ुटबाल के कोच दुनिया के सबसे सुन्दर मनुष्य होते हैं!

[2016]

आत्महत्या

आत्महत्या कहकर नहीं की जाती
आत्महत्या के बाद आत्महत्या का पता चलना चाहिए

बचपन से अब तक कितनी बार सोचा आत्महत्या के बारे में चलती हुई रेलगाड़ी के आगे कूदकर मरना मुझे कभी अच्छा नहीं लगा और नदी तो हमारे रेगिस्तान में कोई थी नहीं तो हम कुएँ में कूदने के ही सपने देखते थे

विष का केवल नाम सुना था एक बार संखियाँ ज़रूर देखा जब गाँव का महाजन उसे पुड़िया में बाँध रहा था

जब कभी मैं कहता था कि आत्महत्या कर लूँगा तो लोग विश्वास नहीं करते थे मज़ाक़ समझते थे कि मैं यह वीरतापूर्ण कार्य कभी नहीं कर पाऊँगा

सोचते थे थोड़े दिन में मैं नुक्कड़ पर चाय की दूकान खोल लूँगा या मेरे चश्मे को देखकर हद से हद यह सोचते थे कि किसी प्राइमरी स्कूल में मास्टर बन जाऊँगा

भरी-जवानी में की गई आत्महत्या का कोई जवाब नहीं
वह सर्वश्रेष्ठ होती है

अब इस उम्र में क्या आत्महत्या करना
जब मौत ख़ुद-ब-ख़ुद दरवाज़ा खटखटा रही है!

[2016]

पानी : तीन कविताएँ

[1]

पानी हमारे लिए संस्मरण नहीं
मरण था

हम रेगिस्तान के रहने वाले थे
हम दिल्ली के कवियों की तरह झूठ नहीं बोलते थे!

[2]

बहुत दूर था
बहुत गहरा था पानी

पाँच सौ हाथ गहरे कुएँ का जल हैं हम
स्थिर, शीतल, मीठा और गहरा पानी

छलछलाना हमारा स्वभाव नहीं!

[3]

जिसके सिरहाने सुराही में पानी था
और जो आब आब करते हुए मर गया

उसे किसने मारा
उसकी प्यास ने उसकी भाषा ने
या उसको पानी ने मारा

या उसका हत्यारा अमीर ख़ुसरो था!

[2016]

गोरक्षक और हेमिंग्वे का साँड़

यह उस समय की बात है जब
कांग्रेस पार्टी का चुनाव-चिन्ह दो बैलों की जोड़ी हुआ करता था

रेगिस्तान के एक पुराने क़स्बे के बाज़ार के बीचों-बीच बैठा एक काला साँड़ जुगाली करता था

यह ख़ास हिन्दुस्तानी बाज़ार का एक आम दृश्य था

जहाँ बिना साँड़ के बाज़ार की कल्पना नहीं की जा सकती

सुबह के ग्यारह के आसपास का समय था

बाज़ार बाज़ार हो चला था

मालनों और कुंजड़ियों की सब्ज़ी की और हलवाई की दूकान पर सर्वाधिक भीड़ थी

बाज़ार में एक पुस्तकालय की इमारत थी जिसके नीचे और चारों और दूकानें बनी हुई थीं किराना की स्टेशनरी की दर्ज़ी की नाई की कपड़ों की और कोने में एक चाय की दूकान थी जो सबेरे से देर रात तक गुलज़ार रहती थी

बाज़ार में स्त्री-पुरुष बच्चे-बूढ़े हिन्दू-मुसलमान सभी तरह के लोग थे और कुछ विदेशी पर्यटक भी गले में कैमरा लटकाए घूम रहे थे जो उन दिनों इस क़स्बे की चित्रित हवेलियों को देखने खिंचे चले आते थे

पुस्तकालय से थोड़ा आगे जाकर पहली मंज़िल पर

हिन्दू महासभा का एक जीर्ण दफ़्तर था जिसके ऊपर पुराना केसरिया ध्वज लहरा रहा था

हिन्दू महासभा के दफ़्तर के ठीक नीचे के चबूतरे पर एक गौ-रक्षक बीड़ी के सुट्टे लगाता बैठा हुआ था जिसने गौ-रक्षक जूते पहन रखे थे यह वह ज़माना था जब गीता प्रेस गोरखपुर धार्मिक पुस्तकें छापने के अलावा जूते भी बनाता था और बिना चमड़े के बने उन जूतों को गौ-रक्षक जूते कहा जाता था

कि अचानक पता नहीं

हिन्दू महासभा के केसरिया ध्वज को देखकर

या लाल कपड़े पहने दो-तीन काँवड़ियों को देखकर

या ठीक निशाना बाँधकर पुस्तकालय की छत से फेंके गए पत्थर से व्यथित होकर बाज़ार के बीचों-बीच बैठकर शांति से जुगाली कर रहा काला साँड़ बिफर गया भड़क गया और खड़ा होकर फुफकारने लगा और पूरे बाज़ार में दौड़ने लगा जैसे सब कुछ तहस-नहस कर देगा

मालनें कुंजड़ियाँ छाबड़ियाँ छोड़कर भागीं दुकानदार अन्दर घुस गए और विदेशी पर्यटक बचने के लिए पुस्तकालय के चबूतरे पर चढ़ गए

उस नाराज़ नन्दी ने दौड़ने के बाद नीम के पेड़ के तने से अपने सींग टिका दिये और आश्वस्त होकर धीमे-धीमे मतवाली चाल से बाज़ार की प्रदक्षिणा करने लगा

अफरा-तफरी में हर-कोई इधर-उधर भाग रहा था

लेकिन हिन्दू महासभा के नीचे चबूतरे पर बैठा गौ-रक्षक निर्भय बैठा रहा जैसे उसे इस बात का पूर्ण विश्वास हो कि शिवजी का नन्दी एक गौ-रक्षक हिन्दू को नहीं मारेगा और उसने नन्दी की आँखों से आँखे मिलाईं

साँड़ अपनी सुर्ख़ लाल आँखों के साथ उधर बढ़ा

गौ-रक्षक बैठा रहा हिला न डुला

और क्षणांश में गौ-रक्षक को उठने का भी मौक़ा नहीं मिला

कि नन्दी ने उसे अपने सींगों में लपेटा और धड़ाम से धरती पर पटक दिया

गौ-रक्षक ने घटना-स्थल पर ही प्राण त्याग दिए

उस क्रुद्ध-नन्दी ने मालनों को कुम्हारों को मोचियों को हलवाइयों को दुकानदारों को ग्राहकों को मुसलमान रंगरेजों को और यहाँ तक कि विदेशी पर्यटकों तक को छोड़कर एक धर्म-निष्ठ हिन्दू गौ-रक्षक को क्यों मारा

इस घटना के 45 बरस बाद भी क़स्बे के लोग इस गुत्थी
को सुलझा नहीं पाए मैं जब भी अपने क़स्बे में जाता हूँ तो मित्रों और मिलने वालों से यह बात ज़रूर होती है कि आख़िर नन्दी ने ऐसा क्यों किया

जबकि मेरे हिसाब से इस रहस्य को उसी दिन ऋषिकांत झा ने खोल दिया था जो कुछ समय पहले ही क़स्बे की संस्कृत पाठशाला में अंग्रेज़ी पढ़ाने के लिए नियुक्त हुआ था ऋषिकांत अर्नेस्ट हेमिंग्वे पर न केवल शोध कर रहा था बल्कि वह हेमिंग्वे का भक्त था और स्कूल के अलावा सारे दिन साँड़ों के पीछे घूमता रहता था और कोई कुछ पूछता तो कहता मैं साँड़ों का अध्ययन कर रहा हूँ

मुझे अच्छी तरह याद है जब ऋषिकांत झा ने पुस्तकालय के चबूतरे पर खड़े होकर सबको सम्बोधित करते हुए कहा था : साँड़ ने इतने सारे लोगों को छोड़कर एक हिन्दू गौ-रक्षक को इसलिए मारा क्योंकि वह शिवजी का नन्दी नहीं अपितु हेमिंग्वे का साँड़ था

अब भी शरीर में थरथराहट होती है

जब भी वह भयानक दृश्य याद आता है

एक क्षणिक चकाचौंध और

ध ड़ा म!

[2016]

चेतना पारीक की याद

[1]

आऊँगा ज़रूर आऊँगा
मैं युद्ध के ख़त्म होने का इन्तिज़ार कर रहा हूँ, चेतना पारीक!

युद्ध अधिक दिन तक नहीं चलते
कोई कब तक पहने रख सकता है लोहे के जूते

30 अक्तूबर का टिकट है
तब तक बहाल हो जाएगी भारतीय रेल सेवा

तुम्हें याद होगा
हम कलकत्ता की एक ट्राम में मिले थे
जब एक दाढ़ी वाला बिहारी कवि तुम पर फ़िदा हो गया था!

[2]

तुम पर कविता लिखकर एक कवि अमर हो गया
और तुम मर गई, चेतना पारीक!

मैं तुम्हें याद करता हूँ
तुम्हारी दुर्बल काया को
तुम्हारे चश्मे को

तुम्हारी कविता की कॉपी को
और उस क़स्बे की धूल को

जहाँ तुम कलकत्ते से चली आई थी

मैं तुम्हें अमर करता हूँ, चेतना पारीक!

[3]

तुम उम्र में हमसे बड़ी थी

एक खोया हुआ प्यार
एक न लिया गया चुम्बन

कवि हम तब भी उससे बेहतर थे
जिसने तुम पर कविता लिखी, चेतना पारीक!

[4]

एक कवि ने तुम पर कविता लिखी
एक कवि ने तुम से प्रेम किया

एक कवि ने तुमसे विवाह किया

कवियों को तुम से अधिक कौन जानता है, चेतना पारीक!

[5]

हम पहली बार उस ट्राम में मिले थे
जिससे टकराकर
बांग्ला कवि जीबनानन्द दास मर गए थे

क्या तुम कवियों की मृत्यु हो, चेतना पारीक!

[6]

दूनी नहीं चौगुनी है भीड़

तुम्हारे दो तलुओं जितनी भी जगह नहीं बची
इस महानगर में

अब तुम नहीं रहती कलकत्ते में

चली गई हो दूर रेगिस्तान के एक क़स्बे में

कौन बच पाया है
ज़माने की कड़ी मारों से

तुम्हारे प्रेम में पड़कर
जिस कवि ने बढ़ाई थी दाढ़ी
वह अब सफ़ेद हो चुकी है

कविता की कॉपी छूट गई ट्राम में
कवि फँस गए जाम में

कितना बदल गई हो
अब तुम भी पहले जैसी नहीं रही, चेतना पारीक!

[7]

हम रेगिस्तान के रहने वाले थे
लोटा और डोर लेकर आए थे कलकत्ता

हमारा जीबनानन्द दास कौन था पता नहीं
लेकिन तुम हमारी बनलता सेन हो, चेतना पारीक!

[2016]

मैट्रो की एक याद

एस्कॉर्ट मुजेसर जाने वाली मेट्रो में
वह मेरे साथ मंडी हाउस से चढ़ा था

वह एक युवा मज़दूर

नीली घिसी हुई जीन्स पर धारीदार कमीज़ पहने
और पुरानी चाल के काले घिसे हुए जूते

वह दरवाज़े के पास ऐसे उकड़ूँ बैठ गया
जैसे किसी पीपल के गट्टे पर

जब जनपथ गुज़रने पर
मेरी उस पर अचानक नज़र पड़ी तो देखा
वह अपने कचकड़े के बॉलपेन से
काग़ज़ के एक छोटे दस्ते पर कुछ लिख रहा था

मैं खड़ा हुआ चोर नज़रों से उसको देख रहा था
उसने 1500 लिखा और उसमें से 750 घटाया
और उसके बाद 335 लिखकर उसके आगे
एक गोल-सा निशान बनाया
जैसे यह कोई विवादास्पद रक़म हो

वह एक पढ़ा-लिखा मज़दूर था
और घोर आश्चर्य की बात कि उसके पास
कोई मोबाइल फ़ोन नज़र नहीं आता था

हो सकता है कि वह उसके उस काले थैले में हो
जिससे वह उतना ही बेख़बर था
जितना सचेत मैं अपने पर्स को लेकर था

वह मेरी तरह कोई कथित कवि नहीं था
वह जो लिख रहा था शायद ज़िन्दगी का हिसाब था

वह निराश था लेकिन हताश नहीं

मैं जब खान मार्केट पर उतरा
वह किसी दार्शनिक की तरह कुछ सोच रहा था
उसे शायद आगे जाना था!

[2016]

शाहकार

परियों का क्या भरोसा
मुझे एक स्त्री चाहिए
जो रात-बिरात पूछती हो खाना खाया या नहीं

अमृत का क्या विश्वास
मुझे काढ़ा चाहिए
गरम, तीखा, क्षार और अन्दर तक जगाता हुआ

दरख़्त का क्या करूँगा
मुझे बीज चाहिए
जो पेड़ बन सकता हो

क्लासिक का कोई क्या करे
हो सकता है पढ़ा ही न जाए
मुझे एक बाज़ारू गीत चाहिए
जिस पर ज़िन्दगियाँ थिरकतीं हों

सआदत हसन मंटो
जब अपनी बयाज़ में 786 लिखकर कोई अफ़साना लिखता था तो वह अमरता के लिए नहीं आसन्न संध्या की ज़रूरतों यथा व्हिस्की की बोतल, चिकन-करी, सिगरेट-डब्बी, सोडा-पानी और ताँगा-भाड़ा के लिए लिखता था

वे अफ़साने भविष्य में शाहकार बन गए!

[2016]

अफ़ीम का पानी-1

ये दुर्दिन भी देखने थे

जब अच्छे-ख़ासे कवि-लेखक-बुद्धिजीवी
कर्कश और झगड़ालू औरतों में बदल गए थे

कोई कब तक तानाशाह को गाली दे सकता है
विरोध में बर्तन-भाँडे फेंक सकता है
बुराई है तो वह अपना समय लेकर जाएगी
रोने से रात छोटी नहीं हो जाती

संगीत को कब तक स्थगित रखा जा सकता है

लाओ मुझे कुसुम्भा पिलाओ
अफ़ीम का वह लहराता हुआ पानी

रबाब उठाओ
गाओ

पिलाओ मुझे प्रथम धार की मदिरा
होश में रहकर तो ये दिन गुज़ारे नहीं जाते

कवियों के बस का नहीं
कोई अफ़ीमची ही बदलेगा इस निज़ाम को
जिससे बड़ा जुनूनी पृथ्वी पर कोई नहीं

अ फ़ यू नी ज नू नी!

[2016]

अफ़ीम का पानी-2

अंटा गफ़ील था
लगभग सप्ताह-भर से
आज कुछ होश आया तो पता चला

राष्ट्रपति का चुनाव कर लिया गया है
गाय के मूत्र में स्वर्ण-कण पाए गए हैं
क्रिकेट में हार गए हैं हॉकी में जीत गए हैं

यह भी दिखाई दिया कि
इस दुनिया की रेलगाड़ी बड़ी तेज़ी से अपने अन्त की तरफ़ सरपट दौड़ रही है

तक़लीफ़ होती है
देखता हूँ तो देखा नहीं जाता

मुझे फिर पिला, कलाळी
वही कुसुम्भे के चमकते हुए पानी का पियाला
फिर से हो जाना चाहता हूँ ग़ाफ़िल

मैं दिशाओं में ग़र्क़ हो जाना चाहता हूँ!

[2016]

रेगिस्तान

[1]

यह अपने आप बुहर जाता है
रेगिस्तान को बुहारा नहीं जाता!

[2]

यह घर तक पहुँचने का रास्ता है
रेगिस्तान किसी का घर नहीं है!

[3]

यहाँ पर
बादल अपनी प्यास बुझाने आते हैं

रेगिस्तान बारिशों का मज़ार है!

[4]

समन्दर सूख जाते हैं
रेगिस्तान ही समुद्र बनते हैं!

[5]

कभी सुनना
रात के तीसरे पहर

यहाँ पानी की कलकल सुनाई देती है!

[6]

ऊँट खड़े रहते हैं

भेड़ों के झुंड उनके नीचे से
गुज़र जाते हैं!

[7]

अब तक
किसी बवंडर की तरह
घूमता रहा हूँ पृथ्वी पर

कितने बरसों का बिछुड़ा हुआ
अब आता हूँ
तुम्हारे पास
ओ मेरे प्यारे, रेगिस्तान!

[2016]

अच्छे दिन

[1]

अच्छे दिन जब आएँगे
गाजे-बाजे के साथ आएँगे

वे आएँगे हाथी पर सवार होकर

बजती रहेगी दुन्दुभि

उड़ती रहेगी धूल

एक कुचलते हुए कारवाँ की तरह आएँगे अच्छे दिन
लहू से लथ-पथ

ग़रीबों को कुचलता हुआ
सूखे हुए खेतों से गुज़रता हुआ
एक विक्रांत-विजय-रथ

तमाशा ज़ोर होगा
कुछ ही दिनों में गुज़रेगा राजपथ से
अच्छे दिनों का जुलूस

देर तक उड़ती रहेगी जिसकी ख़ाक!

[2]

अच्छे दिनों में क्या सब कुछ अच्छा होगा

जितने भी बुरे कवि हैं
वे क्या अच्छे दिनों में अच्छे कवि हो जाएँगे

क्या हत्यारे अच्छे हत्यारे पुकारे जाएँगे
क्या डाकू भी सुल्ताना डाकू जैसे अच्छे और नेक होंगे
क्या वेश्याओं को गणिकाएँ कहा जाएगा अच्छे दिनों में

जिसका भी गला रेता जाएगा
अच्छे से रेता जाएगा अच्छे दिनों में

बुरे भी अच्छे हो जाएँगे अच्छे दिनों में

आएँगे
ज़रूर आएँगे अच्छे दिन
किसी दिन वे धड़ाम से गिरेंगे आकर!

[2016]

नया काफ़िर बोध

[1]

नदियाँ हमारी नावें हमारी

मत्स्येन्द्रनाथ हमारे गोरखनाथ हमारे चर्पटीनाथ हमारे
शताब्दियों से जल रहा यह अखंड धूना हमारा

तुम यहाँ क्या कर रहे हो, ठाकुर?

[2]

कोई युवा निषाद थाम लेता है उत्तरपूर्व से आते विजय-रथ को
कोई बढ़ई का बेटा कील निकाल देता है
कोई अहीर का छोरा रोक लेता है अश्वमेध के अश्व को
एक दलित सिंहिनी की गर्जना से सारा जंगल ख़ामोश हो जाता है!

[3]

ये घोड़े हमारे हैं
ये मैदान हमारे हैं
ये गढ़ हमारे हैं
ये मठ हमारे हैं

आप यहाँ साधुवेश में क्या कर रहे हैं, ठाकुर?

[4]

तुम हिन्दू महासभा की बात करते हो वो अभी कल की बात है राष्ट्रीय स्वयंसेवक संघ को सौ बरस भी पूरे नहीं हुए तुम भारतीय जनता पार्टी की क्या बात करते हो नाथपंथ की परम्परा हज़ार साल से अधिक पुरानी है जो मानव इतिहास की एक सामाजिक क्रान्ति थी जिसमें कोई छोटा-बड़ा नहीं सब बराबर थे चमार से लेकर ठाकुर तक कोई भी वहाँ परमपद पा सकता था नाथपंथ ब्राह्मण-क्षत्रिय-यज्ञ-पाखंड के विरुद्ध था यहाँ सब की समाई थी धुर त्रिपुरा-बंगाल से लेकर धुर सिंध-अफ़ग़ानिस्तान तक फैला हुआ नाथपंथ एक समावेशी रास्ता था जहाँ कालांतर में पिछड़े मुसलमानों बुनकरों जोगियों को भी रहने की बराबर की जगह मिली

इस मठ में मुसलमान जोगी जब ईद मनाते थे तो अबीर गुलाल भी उड़ाया करते थे

यह तुम्हारी जगह नहीं है, ठाकुर!

[5]

गोरखपुर पूरब की राजधानी है
यह हमारा नगर है और यह मठ भी हमारा है

अन्यायी के सामने
झुके नहीं ये माथ
तरफ़ तुम्हारी आ रहा
बाबा गोरखनाथ!

[6]

नाथ सम्प्रदाय ही उग्र हिन्दुत्व की विघटनकारी राजनीति का तोड़ हो सकता है

गोरखपुर में ब्राह्मण ठाकुर लड़ते रहे और एक तीस बरस का निषादों का छोरा जीतकर आ गया

यही नया नाथपंथ है
यह नया काफ़िर बोध है!

[7]

जाओ रे जोगी
तुम जाओ रे!

[2016]

चूका हुआ निशाना

इस उम्मीद में हर रोज़ निकलता हूँ घर से
कि आज ज़रूर मारा जाऊँगा

लेकिन जिस गोली से मुझे मरना था
वह किसी और के सीने में धँस जाती है

वह दिन ज़रूर आएगा
जब मुझे मार गिराया जाएगा

मेरा जीवन
हत्यारों का चूका हुआ निशाना है!

[2017]

एक कुम्हार की कथा

एक कुम्हार था

सुबह उठकर खेत से चिकनी मिट्टी खोदकर अपने गधे पर लादकर लाता
था चिकनी मिट्टी को गूँथकर मिट्टी के
बरतन बनाता था यथा हँडिया, घड़े, मटके, तवे, थाली-तसले इत्यादि

दोपहर को अपने गधे पर लादकर
बस्ती में बेचने निकलता था

कुम्हारन इस बीच चाक और आवाँ सँभालती थी
और इंतिज़ार करती थी कुम्हार का
घर में कुम्हार और कुम्हारन के अलावा कोई नहीं

कुम्हारन आँखों में काजल डालकर
हर रोज़ दरवाज़े पर खड़ी मिलती
जब कुम्हार लौटकर आता

इस तरह बीत रहा था कुम्हार का सुखमय जीवन

एक सुबह जब कुम्हार खेत में मिट्टी खोद रहा था
कोई दौड़कर आया और कुम्हार को सूचना दी
'कालूराम, तुम एक पुत्र के पिता बन गए हो'

यह सुनकर कुम्हार ने खुरपी फेंक दी
और धरती पर लोटने लगा
जैसे कभी-कभी उसका गधा लोटता है

‘उठो, कालूराम तुम्हारे बिना कौन खोदेगा कौन ढोएगा कौन बेचेगा?’

‘मेरा काम पूरा हुआ, अब मैं पुत्र का पिता हूँ अब वही खोदेगा वही ढोएगा और वही बेचेगा!’

इसके बाद कालूराम कुम्हार घर नहीं आया
गधा भी शाम को लौटकर आ गया

आख़िरी बार कालूराम कुम्हार को डीडवाना रेलवे स्टेशन पर देखा गया था
उसके बाद उसका कुछ पता नहीं

इतने बरसों बाद भी वह कुम्हारन हर रोज़ आँखों में काजल लगाकर कालूराम कुम्हार का इंतिज़ार करती है

और आँगन में उसका युवापुत्र चाक पर बैठकर बरतन
बनाता रहता है!

[2017]

नया बारहमासा

जनवरी बलात्कार के लिए मुफ़ीद महीना है
फरवरी में किसी का भी क़त्ल किया जा सकता है
मार्च लड़कियों के घर से भागने का मौसम है
अप्रैल में किया गया अपहरण फलदायक होता है
मई में सामूहिक हत्याकांड अच्छे से किया जा सकता है
जून के महीने में दलितों के घर लहककर जलते हैं
जुलाई में मुसलमानों को मारा जा सकता है
अगस्त में तो बच्चे मरते ही हैं
सितम्बर में किसान चाहें तो पेड़ों से लटक सकते हैं
अक्टूबर में डिफ़ाल्टर देश छोड़कर भाग सकते हैं
नवम्बर गौरक्षकों के लिए आरक्षित है
वे किसी भी निरपराध नागरिक को सरे-आम मार सकते हैं
दिसम्बर में आप आँसू बहा सकते हैं
प्रायश्चित कर सकते हैं
और अगर चाहें तो
कृष्ण कल्पित के विरुद्ध
विज्ञप्ति जारी कर सकते हैं!

[2017]

एक कवि की आत्मकथा

वह निराला से अधिक प्रसिद्ध था
और राजकमल चौधरी से अधिक बदनाम
समूचे साउथ एशिया में
वन्यजीव तस्कर संसार चन्द्र की तूती बोलती थी

सलमान रुश्दी से ज़्यादा मशहूर
बिकनी-किलर चार्ल्स शोभराज था

हमारे ज़माने में पामेला चौधरी बोर्डेस थी
अरुंधति राय तब एक मामूली फ़िल्म-एक्ट्रेस थी

ज्ञानेन्द्रपति तब तक जेलर की नौकरी छोड़कर बनारस नहीं गए थे और असद
ज़ैदी उन दिनों अमेरिकन लाइब्रेरी में काम करते थे

जब हमने लिखना शुरू किया तो लगता था
जैसे कोई अपराध कर रहे हैं

कवि की तरह नहीं
हम किसी अपराधी की तरह विख्यात होना चाहते थे!

[2017]

उर्वशी और लकड़बग्घा : एक संवाद

(इस संवाद की पूर्वकथा यही समझनी चाहिए कि उर्वशी चार वर्ष तक पुरुरवा के साथ पत्नी की तरह रहकर एक दिन अन्तर्धान हो गई और यह भी प्रतिवाद है कि वह पुरुरवा से अधिक अपने मेमनों से प्यार करती थी और पुरुरवा उसके वियोग में पागल हो गया जंगल-जंगल भटकने लगा एक दिन रेगिस्तान में भटकते हुए एक पोखर में अपनी सखियों के साथ स्नान करती उर्वशी दिख गई और कहा जाता है कि यह संवाद इसी पोखर के सन्निकट घटित हुआ)

हे निष्ठुर, उर्वशी
क्या बातचीत के ज़रिये कोई रास्ता नहीं निकल सकता जिससे अपना जीवन पूर्व की तरह सुखमय हो जाए पुरुरवा ने उर्वशी से पूछा

निरर्थक बातचीत से क्या हासिल
मैं अब तुम्हारे लिए वायु की तरह दुर्लभ हूँ उर्वशी ने कहा

तुम्हारे बिना मैं बेकार हो गया
भुजाओं से बाण तक नहीं उठता
सब कुछ धूमिल है
भूल गया हूँ सिंह गर्जना
घर चलो, उर्वशी

हे पुरुरवा,
तुमने मुझे तीन बन्धनों में कसा है
मैं शरीर पर शासन करती थी

तुम्हारे जाने के बाद सब निस्तेज हो गया है
दूसरी अप्सराएँ भी अब शोर मचाती नहीं आतीं
वे भयभीत हिरणियों और
दाँतों से लगाम काटते अश्वों की तरह भाग जाती हैं
मैं अतृप्त हूँ, उर्वशी

पुरुरवा, जाओ
लेकिन आँसू बहाते हुए मत जाओ
भूल जाओ आसक्ति
मूर्ख मेरा ठिकाना नहीं पा सकते

यहीं भू-लुंठित हो जाता हूँ, उर्वशी
मेरा शरीर दुर्गति को प्राप्त करेगा
उसे जंगली भेड़िये चबाएँगे

ऐसा नहीं होगा
तुम सकुशल जाओ, पुरुरवा
स्त्रियों की मैत्री स्थायी नहीं रहती
स्त्रियों और लकड़बग्घों का हृदय समान रूप से कठोर होता है

चार बरस मैं तुम्हारे साथ रही, पुरुरवा
तेजस का स्वाद दिन में अनेक बार लिया है
मैं उसी सन्तुष्टि के सागर में विचरण करती हूँ

मैं बहुत व्याकुल हूँ, उर्वशी
आओ घर लौट चलें

जाओ
तुम ज़रूर मृत्यु पर विजय प्राप्त करोगे
और जीते-जी स्वर्ग का भोग करोगे
हो सकता है तुमसे कभी फिर मुलाक़ात हो न हो
तुम जाओ, पुरुरवा

यह कहकर उर्वशी अन्तर्धान हो गई!

यही स्त्री-पुरुष-सार है
बाक़ी जो है वह गप्प है, क़िस्सा है, कहानी है, उपन्यास है, कविता है, मुल्ला का अमामा है या बनिये की किताब है!

[2017]

प्रसिद्ध

जो मुझसे नफ़रत करते हैं
वे मुझे प्यारा बनाते हैं
जो मुझे गालियाँ देते हैं
वे अकेले में मेरा नाम जपते हैं

जो मुझे भुला देते हैं
वे मुझे प्रसिद्ध करते हैं!

[2017]

नया भारत

एक प्रचंड रासलीला है
और हिंसा का तांडव

क़बीलों का देश है

जिसे तुम हिन्दुस्तान कहते हो

जिस 90 प्रतिशत जनता को तुम मूर्ख समझते हो
वह तुम्हें मूर्ख समझती है

एक लहू का दरिया है लहराता हुआ
यह सपेरों की विशाल बस्ती है

जोगियों का डेरा
शिवजी की पूरी बारात

बुद्धिजीवियो,
यह नक़्शा तुम्हारी समझ नहीं आ सकता
एक दिन तुम्हारी कारों के शीशे तोड़ डाले जाएँगे!

[2017]

अपना नाप

कब से पहन रहा हूँ 7 नम्बर के जूते

मैं अपने क़द में ही रहा
मेरा विकास नहीं हुआ

मुझसे बड़ा नहीं हुआ मेरा क़द
वज़न भी 68 किलो पर ठहरा हुआ है

मेरे कान तीन इंच के ही रहे
और क़मर का घेरा 34 इंच

किसी कछुए की तरह सिकुड़ना ही आया मुझे
विकसना नहीं

मैं नाप में रहूँ
अपने आप में रहूँ
जब मरूँ तो चार कन्धों में समा जाऊँ

मैं एक इनसान हूँ कोई तम्बू नहीं
जो तनता ही जाता है!

[2017]

वरिष्ठ कवियो!

वे जो जिनकी कविताएँ दीवारों पर खुद चुकी हैं
वे जो पुरस्कार प्राप्त कर चुके हैं

वे जो अन्य भाषाओं में अनूदित हो चुके हैं
वे जो छात्रों की भाषा ख़राब कर चुके हैं
वे जो जिनकी प्रतिनिधि कविताएँ कबाड़ी ले जा चुके हैं
वे जो जिन्हें दफ़नाया जा चुका है अपनी क़ब्रों में

कितना लहू पिओगे
कितने युवा कवियों का कलेजा चबाओगे

वरिष्ठ कवियो, जाओ
सुसज्जित सभागारों में आपकी प्रतीक्षा हो रही है
फूलमालाएँ मुरझा रही हैं आपके इन्तिज़ार में

वे जो जिनकी भाषा एक अरसे से ठहरी हुई है विचार धुँधलाया हुआ है और कल्पनाशक्ति हर-रोज़ क्षीण हो रही है वे जिन्हें रोज़ कच्ची कोंपलें चबाने को चाहिए वे जो अपनी ख्याति के दलदल में धँसे हुए क़दमताल कर रहे हैं

वे जो जिनकी आँखों से लहू नहीं लालच टपकता रहता है हर-घड़ी वे जो
किसी असम्भव प्रेम की आशा में अभी
भी लिखे जा रहे हैं प्रेम कविता

वरिष्ठ कवियो, थोड़ा हटो
रास्ता दो युवा कवियों को

एक जो एक मृत चित्रकार के पैसे से हर साल पेरिस में गर्मियाँ गुज़ारता है

एक जो अब भूलता जा रहा है कि जीवन में किन किन स्त्रियों का नमक खाया है

एक बरसों से अचेत है
उसे अचेतावस्था में ही किया गया सम्मानित

एक मुम्बई में घायल है
एक देहरादून के एक होटल में पस्त है
एक जयपुर में उपेक्षित है
एक पटना में सम्मानित है
एक लखनऊ में बाँसुरी बजा रहा है
एक भोपाल में चित्रकारी कर रहा है

एक संगीत में डूबा हुआ है एक सिनेमा में
एक इंडिया इंटरनेशनल सेंटर में स्कॉच पी रहा है और दूसरा लक्ष्मी नगर में ठर्रा
आदिवास का एक कवि किसी आदिवासी की हत्या से नहीं
किसी पेड़ से पत्ते झरने से व्यथित होता है

एक कवि कथाकारों की बस्ती में फ़रारी काट रहा है
एक को अभी-अभी निगमबोध घाट पर जलाकर आ रहे हैं

एक जो किसी रामानन्द की लात की प्रतीक्षा में
मणिकर्णिका घाट की सीढ़ियों पर लेटा हुआ है बरसों से

एक गठिया से परेशान है एक आंधासीसी का शिकार है
एक को नोबेल का शक पड़ गया है

एक ग़ालिब की आड़ में जिन्ना की भाषा बोलने लगा है
एक ने कब लिखी थी कविता उसे याद नहीं

जिसकी एक भी पंक्ति नहीं बची
उसके पास सर्वाधिक तमग़े बचे हुए हैं

वरिष्ठ कवियो, जाओ
अपनी-अपनी क़ब्रों में अपने-अपने तमग़ों के साथ सो जाओ अब अधिक धूल मत उड़ाओ

कृपया जाओ
खिड़की से धूप आने दो
और मुझे खींचने दो चिल्ला!

[2017]

अदृश्य हाथ

जब भी गिरने-गिरने को हुआ
किसी अदृश्य हाथ ने मुझे थाम लिया

गुरुत्वाकर्षण नियम बचा हुआ था
लेकिन मनुष्य-धर्म भी बचा हुआ था!

[2017]

वसन्तसेना और गधागाड़ी

मैं कुएँ में कूदने ही वाला था कि बसंतसेना ने मुझे थाम लिया
सुबह के पाँच बज रहे थे जब मैं रेलवे-स्टेशन से अपना
मैट्रिक का रिजल्ट देखकर लौट रहा था जिसमें मैं फ़ेल हो गया था

71 की लड़ाई ख़त्म हो चुकी थी
पूर्वी पाकिस्तान अब बांग्लादेश था
मुक्ति-वाहिनी अब मुक्त थी
इंदिरा गांधी अब दुर्गा थी
मैं अब मैट्रिक फ़ेल था

वसन्तसेना उन दिनों चारुदत्त हत्याकांड के मामले में फ़रार चल रही थी
और रेगिस्तान के इस क़स्बे की एक उजाड़ हवेली में गुमनाम जीवन व्यतीत
कर रही थी

कुएँ में कूदने से पहले मैं यही सोच रहा था कि
कोई मुझे देख ले कोई मुझे थाम ले कोई मुझे बचा ले
कि वसन्तसेना ने मेरी कलाई को कसकर पकड़ लिया
नज़रों ही नज़रों से मुझे बरजती हुई
वह निपट भोर अपना मटका भरने आई थी

वसन्तसेना के एक स्पर्श से मुझमें जीने की इच्छा जाग उठी
कलाई को कसकर पकड़ने की कला कोई वसन्तसेना से सीखे
आज भी नख-क्षत की वह टीस गई नहीं है ओह

हताश-निराश मैट्रिक फ़ेल मैं क्या कर सकता था
चाय की दुकान खोल सकता था

साइकिल मरम्मत कर सकता था
पेंटर बनकर होर्डिंग रँग सकता था
या गधागाड़ी चला सकता था

मैंने आख़िरी विकल्प चुना
मेरे एक कुम्हार दोस्त कालूराम ने मुझे एक गधा भेंट किया
और श्यामलाल सुथार ने एक गाड़ी बना दी

अब मैं सामान ढोने का काम करने लगा
गेहूँ की बाजरे की गुड़ की प्याज की आलुओं की बोरियाँ
बगड़ से झुंझुनू से नवलगढ़ से मुकुंदगढ़ से सिंघाना से चिड़ावा से पिलानी से मलसीसर से अलसीसर से मंडावा
से डूंडलोद से लेकर सुजानगढ़ और सीकर तक

मेरी गधागाड़ी दौड़ने लगी

और एक दिन जब एक गुप्तचर ईनाम की आशा में फ़रार वसन्तसेना की ख़बर पुलिस को देने जा रहा था तब एक दूसरा गुप्तचर इस बात की सूचना मुझे दे रहा था

मैं रातों-रात अपनी गधागाड़ी पर वसन्तसेना को बिठाकर
लुहारू के रास्ते दिल्ली की तरफ़ रवाना हुआ
एक बड़ी सन्दूक़ और बुर्क़े में वसन्तसेना

तीसरे दिन हम दिल्ली स्थित सराय काले खाँ पहुँचे
वहाँ से हमें काशीपुर जाना था
जहाँ वसन्तसेना की एक सहेली का घर था

जब मैं काशीपुर में वसन्तसेना की सहेली के घर पर
रूह अफ़्ज़ा शरबत पी रहा था

तब पुलिस वसन्तसेना की तलाश में उस उजाड़ हवेली में
पहुँची
जिसके बाहर वाले कुएँ पर

वसन्तसेना ने कलाई पकड़कर मेरी जान बचाई थी

पुलिस को वसन्तसेना तो नहीं
हवेली की छत पर बने कमरे में
खूँटी से लटकती सलमा-सितारे जड़ी एक चुनरी मिली

जब पुलिस निराश होकर लौट रही थी
वहाँ उस उजाड़ हवेली के बाहर खड़े एक गर्दभ ने
रेंकना शुरू कर दिया था

उस दिन अगर मैं कुएँ में कूद जाता
तो वसन्तसेना का क्या होता
क्या होता मेरी गधागाड़ी का!

[2017]

पत्थर के लैम्पपोस्ट

[1]

मैंने एक स्त्री को प्यार किया और भूल गया
मैं उस पत्थर को भूल गया जिससे मुझे ठोकर लगी थी
और वह कौन सा रेलवे-स्टेशन था

जिसकी एक सूनी बेंच पर बैठकर मैं रोया था

मैंने अपमान को याद रखा और अन्याय को भूल गया
अन्त में मुहब्बत भुला दी जाती है
और नफ़रत याद रहती है
जलना भूल जाते हैं पर अग्नि याद रहती है

मुझे भुला देना
किसी भुला दिए गए प्यार की तरह
और याद रखना एक खोए हुए सिक्के की तरह
या एक गुम चोट की तरह

दुनिया में प्यार के जितने भी स्मारक हैं वे पत्थर के हैं!

[2]

वह पत्थर का लैम्पपोस्ट आज भी खड़ा है
क़स्बे की निगरानी करता हुआ

उसकी लालटेन कभी की बुझ गई है
अब उसमें एक चिड़िया का घोंसला है

गुप्त रोगों के शर्तिया इलाज के पोस्टर
उसके बदन से लिपटे हुए हैं

लालटेन के चारों ओर बना हुआ लोहे का फूल
थोड़ा दाहिनी तरफ़ झुक गया है

पुराने बस-स्टैंड के पास ठेलों, खोमचों और ख़ास क़स्बाई शोर से घिरा हुआ यह पत्थर का लैम्पपोस्ट नहीं होता तो मैं कैसे पहचान पाता कि यह वही क़स्बा है और वही पुराना बस-स्टैंड जहाँ से चालीस बरस पहले मैं चला गया था एक जर्जर बस में बैठकर किसी अज्ञात शहर की ओर

कोई अपनी प्रेमिका से क्या लिपटता होगा
जैसे कभी मैं लिपटता था इस पत्थर के लैम्पपोस्ट से
इस पत्थर के पेड़ को हमने अपने आँसुओं से सींचा था

जिसके नीचे खड़ा होकर अभी मैं मीर को याद कर रहा हूँ :

'नहीं रहता चिराग़ ऐसी पवन में!'

[2017]

नया गोदान

पशुओं के मेले के लिए विख्यात नागौर ज़िले के परबतसर गाँव में पदमाराम नामक एक निर्धन जाट रहता था

उसके पास दो बीघा बंजर धरती का एक दर्रा था जिसमें वह बाजरा बो लिया करता था जिससे उसके परिवार-भर के खाने के लिए अनाज हो जाता था लेकिन उसके पास थारपारकर नस्ल की एक गाय थी जो चालीस सेर दूध देती थी यह गाय उसे उसके बाड़मेर के समधी दुलाराम ने बेटे के ब्याह में दहेज में दी थी

इस तरह पदमाराम को दूध दही घी छाछ की कोई कमी नहीं थी बचा हुआ दूध और छाछ वह गाँव में बाँट देता था उस समय तक इन तरल पदार्थों को बेचने की प्रथा शुरू नहीं हुई थी

गाँव के एकमात्र मन्दिर के एकमात्र पुजारी साँवरमल को भी पदमाराम हर रोज़ एक बड़ा पीतल का लोटा भरकर दूध भेजता था

हरी हरी चरी हुई थारपारकर गाय के दूध का स्वाद जिसने पिया है वही जान सकता है उसका वर्णन असम्भव है

वह धारोष्ण धवल धार

पुजारी सांवरमल के मन में खोट आ गया उसने सोचा कि पदमाराम का बाप मरणासन्न है—जब मरेगा तो थारपारकर का गोदान करवा लूँगा

ईश्वर ने अपने पूरे कार्यकाल में सांवरमल की प्रथम बार प्रार्थना सुनी और पदमाराम का बाप काल-कवलित हो गया और उसको मूंज की खाट से

उतारकर धरती पर सुला दिया गया

संस्कार के लिए पुजारी को बुलाया गया

—यजमान, अब तू अपने पिता के नाम से गोदान कर पुजारी ने कहा

—मेरे पास यह अकेली गाय है नहीं दूँगा यह कहकर पदमाराम ने पुजारी की तरफ़ सौ का नोट बढ़ाया

—क्या बाप रोज़-रोज़ मरता है ऐसी गाय दान करो जो दूध
देती हो जवान हो हर तरह से उत्तम हो पुजारी ने दबाव बनाया

पदमाराम ने फिर इंकार में सर हिलाया और एक और सौ का नोट पुजारी को बढ़ाया

—इस तरह वैतरणी पार नहीं होगी पुजारी बोला

गाँव के तमाम लोग सारे कुटुम्बी इकट्ठा थे और धरती पर बाप मरा पड़ा था आख़िरकार पदमाराम को दिल मसोसकर अपनी थारपारकर गाय और बछड़ा पुजारी के हवाले करने पड़े

तेरह दिन में ही बाजरे के सूखे रोट खाकर पदमाराम के बच्चों की हालत ख़राब हो गई

जब बच्चों की रूखी-सूखी आँखें पदमाराम से नहीं देखी गईं तो चौदहवें दिन पदमाराम साँवरमल पुजारी के घर पहुँच गया देखा कि पंडताइन उसकी थारपारकर को दुह रही थी और पुजारी दूध से भरी बटलोई रसोई में
रखने जा रहा था

—पंडत, इधर आ पदमाराम ने कहा

—दूध की बटलोई रखकर आता हूँ

—नहीं, उसके साथ ही आ

पुजारी ने बटलोई पदमाराम के सामने रखी और बोला—बोल पदमाराम कैसे आए

—तुमने गाय किसलिए ली थी पदमाराम का सवाल था

—तुम्हारे बाप को वैतरणी पार कराने के लिए साँवरमल ने जवाब दिया

—लेकिन गाय तो तेरे घर बँधी हुई है मेरा बाप तो वैतरणी में बह बह के डूब गया होगा और यह बता कि वैतरणी परबतसर से कितनी दूर है

—कोई तीस करोड़ कोस दूर है पुजारी ने उत्तर दिया

—कोई पोस्टकार्ड आया हो तो दिखा के मेरे बापू ने वैतरणी आराम से पार कर ली पदमाराम ने फिर पूछा

—हमारे पास गरुड़ पुराण है यही हमारा प्रमाण है हम पोस्टकार्ड को प्रमाण नहीं मानते

—लेकिन हम गरुड़ पुराण को नहीं, पोस्टकार्ड को प्रमाण मानते हैं जिस दिन पोस्टकार्ड आए बता देना उसी दिन थारपारकर को वापस इसी खूँटे से बाँध जाऊँगा यह कहकर पदमाराम अपनी गाय और बछड़े को खोलकर घर ले गया और साथ में दूध की बटलोई भी

इन दिनों पुजारी साँवरमल हर रोज़ पोस्टमेन की प्रतीक्षा में बैठा रहता है और हर रोज़ उससे पूछता है—

कोई पोस्टकार्ड आया क्या?

[2017]

प्रकाशपथ

हत्यारा शोकसभा में आया है

भड़कीला कुरता सफ़ेद जूते
लंदन के हेरॉड स्टोर से ख़रीदा हुआ
सतरंगा मफ़लर पहनकर
हत्यारा संवेदना व्यक्त करने आया है

उसे रास्ता दो
मंच पर आसन दो
उसके हाथों में फूल थमाओ
जिसे वह मृतक युवाकवि की एकमात्र तस्वीर पर
किसी गुप्त हथियार की तरह अर्पित कर सके

वह हत्या करता है
और प्रेम कविताएँ लिखता है
आप किसी भी तरह
साबित नहीं कर सकते कि वह हत्यारा है

फिर आएगा कोई युवा कवि
कोई शोधछात्र कोई प्रतिभाशाली बेरोज़गार
जो हत्यारे का अभिनन्दन ग्रन्थ पूरा करेगा

हत्यारा शोकसभा में आता है
जैसे नाथूराम गोडसे आता हो
गांधी शान्ति प्रतिष्ठान में!

[2017]

रत्न एक शापित पत्थर का नाम है

न मैं सितारे-हिन्द था
न भारतेन्दु
राजा रत्नसेन भी नहीं
न भारत-रत्न

एक पुराने ज़माने में मैं तूती-ए-हिन्द था
मीठी-मर्माहत बानी वाला
एक भारतीय शुक

ज़माने की ठोकरों से घिस-घिसकर
कोमल हुआ एक पत्थर

अरावली की उपत्यकाओं में उगी हुई जंगली घास

मैं क्या-क्या था
क्या-क्या नहीं

क्या तुम्हें याद है
पिछले जनम में तुम
काली साँड़नी पर सवार होकर सिन्ध गए थे
सुनसान सहरा को पार करते हुए

रत्न एक शापित पत्थर का नाम है
जिस पर कभी घास नहीं उगती

यह ख़याल उसी सफ़र में
तुम्हारे दिमाग़ में कौंधा था, कृष्ण कल्पित!

[2017]

कल्पनालोक

पहलू ख़ान काल्पनिक था
वे गायें काल्पनिक थीं जिन्हें वह जिस ट्रक में ले जा रहा था वह ट्रक काल्पनिक था

वे गोरक्षक काल्पनिक थे जिन्होंने पहलू ख़ान की अँतड़ियों में चाकू उतारा
वह चाक़ू काल्पनिक था

पहलू ख़ान की हत्या एक कल्पना थी
उमर मोहम्मद काल्पनिक था

अलवर किसी शहर का नहीं एक किंवदंती का नाम था

फ़ासीवाद किसी कवि की कल्पना थी

पिछले बरसों में देश में जो साम्प्रदायिक दंगे हुए वह तुम्हारा एक दुःस्वप्न था

सड़कों पर जो ख़ून बिखरा हुआ था वह दरअस्ल एक महान कलाकृति थी

वह अग्निकुंड काल्पनिक था जिसमें कूदकर अनगिनत स्त्रियाँ भस्म हो गई थीं

पद्मिनी एक कल्पना थी

और तुम्हारा इतिहास भी काल्पनिक था

यह दुनिया एक कल्पना लोक थी और जिसे तुम अलीगढ़ मुस्लिम यूनिवर्सिटी कहते हो वह वास्तव में मजाज़ लखनवी की क़ब्रगाह है!

[2017]

सफ़र के बीच मुसाफ़िर

आधी-अधूरी-पूरी यात्राओं के बीच कहीं-कहीं विश्राम ऐसे मिलता है
जैसे कोई थका हुआ मुसाफ़िर हो
अपने पिछले पड़ाव की धूल झाड़ता हुआ

कहीं नहीं पहुँचता हुआ एक अविराम यात्री

एक जर्जर जहाज़ जो लगभग समुद्र में बदल गया है
सफ़ेद फ़ेन उगलता हुआ मचलता हुआ लहराता हुआ
यह पानी से बना हुआ जहाज़ है जो काष्ठ की लहरों पर बह रहा है
और जिसकी जर्जरता पानी से बनी है
जो जब-तब चमकती रहती है आँखों में एक चौंध की तरह

जैसे बहुत पुराना कोई रुका हुआ क्रंदन हो
ऐसी-ऐसी अज्ञात आवाज़ें किसी और ही युग की
जो शायद इस समुद्र में किसी अज्ञात द्वीप के किसी अज्ञात वृक्ष से लिपटी
हुई रह गई हों

एक लोहे की साँकल काई से लिपटी हुई
जैसे कोई कुचला हुआ नाग बहुत सारी आवाज़ों से लिथड़ा हुआ
एक उजड़ा हुआ बाज़ार एक वीरान होती बस्ती

जैसे सृष्टि की चलती हुई अन्तिम रेलगाड़ी
भाप कोयला बिजली से नहीं मनुष्य की आवाज़ों से चलने वाली रेलगाड़ी
जो हमें एक नए ही ज़माने में ले जाकर छोड़ेगी

इसके बाद पटरियाँ उखाड़ ली जाएँगी
और रेलवे-स्टेशन पर चमगादड़ मँडराएँगे

किसी उजड़े हुए रेलवे-स्टेशन को देखना अपने अतीत को देखना है
जिसे हम भूलते जाते हैं जीवन और दुनिया की भागदौड़ में

एक धीमी मौत मरते हुए हम गुज़रते रहते हैं
इस गुज़रते हुए समय से कंधे टकराते हुए

और सोचते हुए कि हम भी इस दुनिया के एक यात्री हैं
थके हुए और आशा-निराशा से भरे हुए
अँधेरी रात में हम तारों की तरह टिमटिमाते रहते हैं

बुझने से पहले
दूसरे तारों को जलाते हुए
हम इस धरती पर हर रात गिरते रहते हैं!

[2017]

पद्मिनी एक कल्पना का नाम है-1

अल्लाउद्दीन ख़िलज़ी था
राजा रत्नसेन था

अमीर ख़ुसरो था

चित्तौड़ का क़िला था

सिंहल द्वीप था
दिल्ली थी

मलिक मोहम्मद जायसी था
उसकी 'पद्मावत' थी

कर्नल जेम्स टॉड था
इरफ़ान हबीब था

उस अनिंद्य सुन्दरी के सिवा
सब मौजूद थे ऐतिहासिक थे वास्तविक थे असली थे

केवल पद्मिनी काल्पनिक थी

अग्निकुंड में जो जल रही थी वह पद्मावती नहीं
उसकी कल्पना जल रही थी

और उस बायस्कोप वाले ब्यौपारी की लीला असली थी
उसका लालच वास्तविक था!

[2017]

पद्‌मिनी एक कल्पना का नाम-2

हम केवल कल्पना पर जान दे देते थे

पेड़ों से कहते थे अपने दु:ख
भेड़ों से बातें करते थे गड़रिये

जितने भी बुतख़ाने थे वे हमारे ख़्वाबों की तामीर थे

हम रक्त से अभिषेक करते थे पत्थरों का
फिर बजाते थे नगाड़ा ढोल घंटाल

मिथक हमारे बचपन के खिलौने थे

यहाँ का भगवान भी काल्पनिक था क्योंकि अंग्रेज़ इतिहासकारों को अयोध्या में उसके पोतड़े नहीं मिले

पद्‌मावती होगी किसी कवि की कल्पना

और पद्‌मिनी के साथ जो सोलह हज़ार स्त्रियाँ अग्निकुंड में कूद गई थीं वे काल्पनिक थीं

आग में जलना क्या होता है तुम क्या जानो मृद्‌भांड ढूँढ़ने वालो

कभी जलती हुई सिगरेट का जलता हुआ सिरा अपनी हथेली से छुआकर देखना

मूर्ख इतिहासकारो,
कल्पना की जाने के बाद यथार्थ हो जाती है!

[2017]

आम्रपाली एक्सप्रेस

[1]

लिच्छिवियों ने देर कर दी थी
बुद्ध ने अभी-अभी लौटकर गई आम्रपाली के आमंत्रण
को स्वीकार कर लिया था

अगले दिन बुद्ध और उनके भिक्षु-संघ को नगर के बाहर अवस्थित आम्रपाली
के आम्रवन में भोज के लिए जाना था

लिच्छिवियों ने अपने रथ आम्रपाली के पीछे दौड़ा दिए
चक्कों से चक्के भिड़ा दिए
रास्ता रोक लिया

जितनी चाहे स्वर्ण-मुद्राएँ ले लो, आम्रपाली
अपना आमंत्रण हमें हस्तांतरित कर दो

आम्रपाली ने इंकार में सर हिला दिया

आधा राज्य ले लो, आम्रपाली

मैं दुनिया जीतकर आई हूँ, राजपुत्र
और तुम मुझे आधे राज्य का लालच दे रहे हो
हटो सामने से

और आम्रपाली का धवल रथ नगर की ओर दौड़ चला
जिसे दो श्वेत अश्व खींच रहे थे!

[2]

‘दुनिया में जितने भी सौंदर्य हैं
उनमें स्त्री-सौंदर्य सर्वाधिक घातक है’

रूपगर्विता आम्रपाली के सौंदर्य को इतना आहत आज तक किसी ने नहीं किया था जितना यह कहकर बुद्ध ने किया

‘जो स्त्री-सौंदर्य से बिंध गया
उसका कोई तारणहार नहीं’

आम्रपाली ने अपने जीवन में अनगिनत आँखों में झाँककर देखा था जिनसे वासना टपकती रहती थी लेकिन ऐसी निर्विकार और निरंजन आँखें नहीं देखी थीं जिनसे करुणा टपकती हो

‘इस अप्रतिम सौंदर्य को ऐश्वर्य में मत गँवाओ
अपने सौंदर्य को एक दीपक बना लो
रौशनी की झमकार नहीं, एक काँपती हुई लौ’

राजपुत्रों, श्रेष्ठिपुत्रों, सामन्तपुत्रों, स्वर्ण-मुद्राओं, माणक्य-मोतियों से हर-समय घिरी रहने वाली नृत्यांगना, नगरवधू और अपने समय की सर्वाधिक ऐश्वर्यशाली और विद्रोही स्त्री को खुरदुरे पत्थर पर बैठे एक भिक्षुक ने अपनी करुणा से जीत लिया

अपार सौंदर्य अपार करुणा में समा गया

आम्रपाली जिस धवल रथ पर सवार होकर आई थी
उसे दो श्वेत अश्व खींच रहे थे

लौटते हुए आम्रपाली सौंदर्य-सम्राज्ञी नहीं
एक भिक्षुक के प्रेम में पड़ी भिक्षुणी थी!

[3]

मार नहीं मार सका गौतम को

कामदेव की सेनाएँ पराजित नहीं कर सकीं बुद्ध को

लेकिन एक नगरवधू ने
गौतम बुद्ध की रातों की नींद चुरा ली

क्या बुद्ध आम्रपाली से प्रेम करते थे
कौन प्रामाणिक रूप से कह सकता है
कि करुणा सौंदर्य में विलीन हुई या सौंदर्य करुणा में

इतिहास भी प्रेम की तरह एक धुँधले इलाक़े का नाम है
कुछ भी कहना कठिन है

पांडुलिपियों, दस्तावेज़ों और पुरालेखों पर नहीं
मनुष्य अपनी कल्पना पर निर्भर है

प्रामाणिक रूप से सिर्फ़ यही कहा जा सकता है कि
इस अज्ञात प्रेम के बाद बौद्ध धर्म की आयु आधी रह गई!

[2017]

केलि-कलरव

[1]

वह चकित-विस्मित भंगिमा

वे गदराए हुए पुष्प-द्वय

सौरभ से महकती हुई वह सूनी वाटिका

सूर्य-प्रखर-दोपहर

आनन्द में डूबा हुआ वह सिसकता क्रंदन
नख-दन्त-क्षत

इतने दिनों बाद
अब भी गूँजता है मेरे सूने हृदय में
वह प्रफुल्ल गान

वह हमारा अमर केलि-कलरव
जब रक्ताभ सूर्य ढल रहा था!

[2]

गलियों से पहले भी गलियाँ थीं
उस कच्चे महाल में
जनाकीर्ण-संकीर्ण-जीर्ण

उसके बाद घाट था
चमकता हुआ चौड़ा पाट नदी का

एक नाव थी चली जाती हुई
दूर तक उस नदी में

मेरे सत्कर्म मुझे बहाए लिये जा रहे थे
एक रंगीन गठरी दिखाई पड़ती थी पानी में ऊब-डूब करती

केलि से पहले भी केलियाँ थीं
केलि के बाद केवल थरथराता हुआ शरीर था
जलराशि से भीगा हुआ तृप्त तन

नहाने के बाद वस्त्र पहनने की व्यग्रता एक स्वाभाविक क्रिया थी!

[2017]

सौंदर्य-दर्पण

सुन्दर जे हैं आपहि सुन्दर
उनको कहाँ सिंगार

—सन्त कवि सुन्दरदास

सुन्दर, थानें भूल्याँ कीकर पार पड़ै हो
जिण कर ज़ुलफ़ सँवारी थारी उण कर पेच पड़ै हो
(सुन्दर, तुम्हें कौन भूल सकता है? जिन हाथों से तुम्हारी ज़ुल्फ़ें सँवारी थीं
—वे हाथ अब काँप रहे हैं!)

—राजस्थानी कवि नारायण सिंह भाटी

[1]

सौंदर्य अधिकतर ओझल रहता है

अलस भोर का भारहीन सौंदर्य
ठहरी हुई कोई ओस की बूँद

झिलमिलाता है कभी दोपहर में
कभी शाम के झुटपुटे में

या रात्रि की नीरव शांति में

सौंदर्य हर घड़ी रहता है उपस्थित
अपनी अनुपस्थिति में!

[2]

छलछलाता हुआ
और छलकता हुआ सौंदर्य कभी देखा है तुमने

अभी कुछ बरस पहले तक दिखाई पड़ती थीं भारतीय रास्तों पर अपने ही जल में भीगती जाती हुईं जल-कलश उठाए पनिहारिनें

चमकता हुआ नहीं
छलकता हुआ सौंदर्य सर्वश्रेष्ठ होता है!

[3]

लेकिन अब सौंदर्य एक सफल और भारी-भरकम उद्योग था जिसका हज़ारों करोड़ का टर्नओवर था बहुत से मारवाड़ी सौंदर्य-प्रसाधन बेचकर रातों-रात मालामाल हो गए थे जिनकी जीवन-कथा अथवा सफलता का रहस्य खोलने वाली किताब इन दिनों गीता से भी अधिक लोकप्रिय थी

जब भीतर की दीप्ति नदारद हो जाती है और अन्तर्मन का दीपक बुझने लगता है तब रँगाई, पुताई और लेपन की कांक्षा मनुष्य को बाहर से चमकीला पर अंदर से स्याह, सन्देहास्पद, असुन्दर और खोखला बनाती जाती है

सौंदर्य अब एक व्यापार था!

[4]

कितनी सुन्दर थी वह जर्जर नाव
जो गंगा तट पर कीच में धँसी हुई थी
अभी भी लहरों के आलिंगन की आकांक्षा से भरपूर

जिसका गला हुआ गीला काठ
कितना कोमल हो गया था!

[5]

सुन्दरता तारा नहीं
जिसको तोड़ा जाय
सुन्दर को सुन्दर कहे

वो सुन्दर हो जाय!

[6]

इस दुनिया को काले-बदसूरत लोगों ने नहीं
गोरे-लालचियों ने बदसूरत बनाया है!

[7]

सौंदर्य बनाया नहीं जा सकता
उसे केवल बचाया जा सकता है!

[8]

कुरूपता पहचानी जाती रहे
इसके लिए ज़रूरी है
सौंदर्य बचा रहे!

[9]

दु:ख जब सहने लायक़ हो जाता है
तो वह सुन्दर हो जाता है!

[10]

अमीर या ग़रीब

मशहूर या गुमनाम कुछ भी रखना

देस में रखना परदेस में रखना
लेकिन अपने अमान में रखना अपनी देख-रेख में रखना अपनी नज़र में रखना

[11]

सुन्दर स्त्रियों की प्रतीक्षा थी
लेकिन मृत्यु उनसे भी अधिक सुन्दर थी अधिक हसीन और अधिक जानलेवा

मुझे उसी हसीन मौत का इन्तिज़ार है!

[2017]

ख़राब कवि

आज सुबह-सुबह एक ख़राब कवि से मुलाक़ात हो गई

जबकि अच्छा कवि कितनी मुश्किल से मिलता है अच्छा कवि तहख़ानों में छिपा रहता है इस फ़ानी दुनिया में एक ग़ायब आदमी की तरह वह बाज़ारों मेलों-ठेलों उत्सव-समारोहों से दूर किसी वीराने में अपने को अपराधी की तरह छिपाए रहता है

हर रोज़ जो सभागारों में अंगवस्त्रम से सम्मानित हो रहे हैं वे अच्छे कवि नहीं हैं

कुछ कवि ऐसे भी होते हैं जो न अच्छे न बुरे होते हैं वे बस होते हैं और वे ख़राब कवि होने को उसी तरह अभिशप्त होते हैं जैसे हम सब एक अभिशापित जीवन जीने के लिए

अच्छा कवि इस दुनिया में एक चोर की तरह रहता है जबकि ख़राब कवि इस धरती पर इस तरह चलता है जैसे पृथ्वी पर अहसान करता हो

और ख़राब कवयित्रियाँ पाक कला में पारंगत होती हैं यह बात अगर चेख़व ने नहीं कही है तो मैं कह रहा हूँ!

[2017]

एक हिन्दी कवि की प्रार्थना

अगले जनम में अंगिका का कवि बनूँ
अथवा मगही का

अपभ्रंश में लिखूँ

पालि या प्राकृत या डिंगल में

संस्कृत जैसी कूट भाषा तो इन दिनों
दुनिया की सारी सुरक्षा एजेंसियों की मातृभाषा है

उर्दू अब एक उखड़े हुए तंबू का नाम है
हिन्दी अब हानि की लिखावट है

राजस्थानी ने तो मुझे
बचपन से ही देश-निकाला दे दिया था

कोई ऐसी भाषा हो
जिसे कोई नहीं समझता
मैं उस भाषा में कविता लिखना चाहता हूँ

अगर मेरे पुण्य पर्याप्त हों
और दुबारा कवि बनाना हो तो हे ईश्वर
मुझे भोजपुरी का कवि मोती बीए बनाना!

[2018]

दुर्लभ ख्याति

[1]

यही इच्छा है कि मुझे कोई नहीं पहचाने
कोई मुझे मेरे नाम से न पुकारे
देखा हुआ लगता है लेकिन कौन है पता नहीं

आप कौन हैं और कहाँ से आए हैं
यही सुनने को मिले हर शहर हर देश में

गुमनामी का वरदान ही देना, प्रभु!
और ख्याति दो तो ऐसी कि जब मैं बताऊँ अपना नाम
तो जवाब मिले—झूठ बोलते हो
तुम वह हो नहीं सकते!

[2]

सामने ख़ामोश रहूँ
जब बोलूँ अनुपस्थिति में बोलूँ
जीते-जी क्या बोलना
मरने के बाद बोलूँ

कवि अगर हूँ तो अपने न रहने के बाद कवि रहूँ और दूसरे जन्म में अपनी कविताएँ पढ़ूँ

किसी अनजान पाठक की तरह!

[2018]

आख़िरी पोस्टकार्ड

चिट्ठी को ही तार समझना

लोकल को ही बुलेट ट्रेन
और पुराने भारत को ही न्यू इंडिया समझना

गठरी सम्भाल कर रखना
किसी भुलावे में मत आना
यह ठगों का देश है

हो सके तो लौटती ट्रेन से वापस आ जाना
देस की मौत परदेस की मौत से अच्छी होती है

गाँव के श्मशान घाट को ही स्मार्ट सिटी समझना!

[2018]

अन्तिम प्रार्थना

दुश्मन के हाथों नहीं
किसी दोस्त के हाथों मारा जाऊँ

कोमल होगा उसका तीर

मृत्यु होगी आसान

किसी उजाड़ में मत मारना
अकेला नहीं मरूँ
जब मरूँ तो
कोई स्त्री हो मेरे साथ

मैं स्त्री के स्पर्श से मरना चाहता हूँ!

[2018]

नया भारत में कवि

[1]

कवि हो तो मत कहो कवि हो
छिपकर रहो
किसी अपराधी की तरह

कोई धनी स्त्री मुरीद हो तो
लंदन भाग जाओ मालिया की तरह
गूजरमल मोदी के पोते की तरह

अगर सलमान रुश्दी मेरठ में या दिल्ली में या रामपुर में बैठकर अपनी 'शैतानी आयतें' लिखता तो उसका क्या हश्र होता इस बात की कल्पना तक से ही रूह काँप जाती है

हनुमान अपने लांगूल पर सीता मैय्या को बिठाकर गगन विहार कराता है
जैसी मौलिक कल्पना को हमने देश-निकाला दे दिया

कहाँ गया था तुम्हारा योगिराज कृष्ण
जब एक म्लेच्छ मुसव्विर देवी सरस्वती को निर्वसन कर रहा था क्या सेंचुरी कॉटन मिल बन्द हो गई थी
या श्यामसुन्दर को योगी ने गिरफ़्तार कर लिया था

मक़बूल फ़िदा परदेस में
देस की याद में तड़प-तड़प कर मर गया

अब इस देश में
कवि बनकर रहना मुश्किल होता जाता है!

[2]

पुरस्कृत कवि
अगली गली में रहते हैं

मैं कवि नहीं
मैं तो रद्दी का व्यवसाय करता हूँ!

[3]

जोगी हो जाना
कवि मत होना

प्रभुजी, एक अरज मोरी सुन लीजो
अगले जनम मोहे कवि न कीजो!

[2018]

बुरे दिन

बुरे दिन पूछकर नहीं आते

वे ऐसे आते हैं जैसे गए ही नहीं थे यहीं छिपे हुए थे कुर्सी के पीछे खाट के नीचे कोट की जेब में या फिर हम उन्हें
दराज़ में रखकर भूल गए हों

जबकि अच्छे दिन पूछकर आते हैं अतिथि की तरह दो-चार दिन में लौट जाने के लिए

बुरे दिन आपको सबसे अच्छी कविताएँ याद दिलाते हैं जिन्हें हम अच्छे दिनों में भूल जाते हैं कई बिसरी हुई कहानियाँ याद आती हैं बुरे दिनों में और कोई करुण-किरवानी जैसा राग अहर्निश बजता रहता है बुरे दिनों में

बुरे दिन आकर बच्चों की तरह पाँवों से लिपट जाते हैं जिन्हें मैं रावळगाँव की टॉफियाँ खिलाकर बहलाता रहता हूँ

बुरे से अच्छा क्या होगा
बुरे दिन मेरे सबसे अच्छे दिन थे

बुरे दिनो
मत छोड़ना मेरा साथ
तुम्हारे लिए मेरे दरवाज़े हमेशा खुले हैं!

[2018]

सरमद

(जामा मस्जिद की सीढ़ियों पर एक नंगे-फ़क़ीर के क़त्ल की दास्तान)

उम्रेस्त कि आवाज़-ए-मंसूर कुहन शुद
मन अज़ सरे नो जलवा देहम दारो रसनरा!
(मंसूर की प्रसिद्धि पुरानी हो गई। मैं सूली पर चढ़ने का दृश्य नए सिरे से पैदा करता हूँ।)

[1]

—आप इतने बड़े विद्वान हैं, फिर भी नंगे क्यों रहते हैं?

दिल्ली के शहर क़ाज़ी मुल्ला क़वी के सवाल के जवाब में सरमद ने कहा:
शैतान बलवान (क़वी) है!

शहर क़ाज़ी को लगा कि सरमद उसे शैतान कह रहा है। मुल्ला की भृकुटियाँ तन ही रही थीं कि सरमद ने फिर कहा :
एक अजीब चोर ने मुझे नंगा कर दिया है!

[2]

शहर क़ाज़ी मुल्ला क़वी को आलमगीर औरंगज़ेब ने सरमद के पास भेजा था—उसकी नग्नता का रहस्य जानने के लिए। औरंगज़ेब शाहजहाँ के बाद दारा शिकोह को ठिकाने लगाकर बादशाह बना था। औरंगज़ेब जानता था कि दारा शिकोह सरमद की संगत में था और उसके बादशाह बनने की भविष्यवाणी सरमद ने की थी।

औरंगज़ेब के दिल में सरमद को लेकर गश था—वह उसे भी दारा शिकोह की तरह ठिकाने लगाना चाहता था लेकिन कोई उचित बहाना नहीं मिल रहा

था। औरंगज़ेब जानता था कि बिना किसी वाजिब वजह के सरमद का क़त्ल करने से उसे चाहने वाले भड़क सकते थे—जिनकी संख्या अनगिनत थी।

औरंगज़ेब क़ातिल होने के साथ धर्मपरायण भी था और बादशाह होने के बावजूद टोपियाँ सिलकर अपना जीवन-यापन करता था।

[3]

क़ाज़ी मुल्ला क़वी ने दरबार में उपस्थित होकर सरमद का हाल सुनाया और सरमद की मौत का फ़तवा जारी करने के लिए क़लमदान का ढक्कन खोल ही रहा था कि औरंगज़ेब ने उसे इशारे से रोक दिया और कहा :
नग्नता किसी की मौत का कारण नहीं हो सकती।

औरंगज़ेब जितना अन्यायप्रिय था उतना ही न्यायप्रिय भी था!

[4]

तब आलमगीर ने अन्याय को न्याय साबित करने के लिए धर्माचार्यों की सभा आहूत की। सरमद को भी बुलवाया गया।

सर्वप्रथम औरंगज़ेब ने सरमद से पूछा :
सरमद, क्या यह सच है कि तुमने दारा शिकोह के बादशाह बनने की भविष्यवाणी की थी?

सरमद ने स्वीकृति में सर हिलाया और कहा :
मेरी भविष्यवाणी सच साबित हुई। दारा शिकोह अब समूचे ब्रह्मांड का बादशाह है।

इसके बाद धर्मसभा के अध्यक्ष सिद्ध-सूफ़ी ख़लीफ़ा इब्राहिम बदख़्शानी ने सरमद से उसकी नग्नता का कारण पूछा। सरमद ख़ामोश रहा। फिर पूछा गया तो सरमद ने वही जवाब दिया जो उसने शहर क़ाज़ी को दिया था :
एक अजीब चोर है जिसने मुझे नंगा कर दिया!

तब ख़लीफ़ा ने सरमद को इस्लाम के मूल सूत्र कलमाये तैयब (लाइलाहा

इल्लल्लाह अर्थात कोई नहीं अल्लाह के सिवा) पढ़ने के लिए कहा।

सरमद के विरुद्ध यह भी शिकायत थी कि वह जब भी कलमा पढ़ता है, अधूरा पढ़ता है। अपनी आदत के अनुसार सरमद ने पढ़ा :
लाइलाहा।

सरमद को जब आगे पढ़ने को कहा गया तो सरमद ने कहा कि मैं अभी यहीं तक पहुँचा हूँ कि कोई नहीं है। आगे पढूँगा तो वह झूठ होगा क्योंकि आगे के हर्फ़ अभी मेरे दिल में नहीं पहुँचे हैं। सरमद ने दृढ़ शब्दों में कहा कि मैं झूठ नहीं बोल सकता।

बादशाह औरंगज़ेब, धर्मसभा के अध्यक्ष ख़लीफ़ा बदख़्शानी, शहर क़ाज़ी मुल्ला क़वी के साथ समूची धर्मसभा और पूरा दरबार सरमद का जवाब सुनकर सकते में था। ख़लीफ़ा ने कहा :
यह सरासर इस्लाम की अवमानना है, कुफ्र है। अगर सरमद तौबा न करे, क्षमा न माँगे तो इसे मृत्युदंड दिया जाए

[5]

जब सरमद ने तौबा नहीं की क्षमा माँगने से इंकार कर दिया तो धर्माचार्यों की सभा और बादशाह की सहमति से शहर क़ाज़ी मुल्ला क़वी ने क़लमदान का ढक्कन खोला, उसमें क़लम की नोक डुबोई और काग़ज़ पर
सरमद के मृत्युदंड का फ़रमान लिख दिया।

अपनी मौत का फ़रमान सुनकर सरमद को लगा जैसे वह बारिश की फुहारों का संगीत सुन रहा है। वह भीतर से भीग रहा था जैसे उसकी फ़रियाद सुन ली गई है जैसे उसे अपनी मंज़िल प्राप्त हो गई है।

सरमद अब कुफ्र और ईमान के परे चला गया था। सरमद ने सोचा :
कितने फटे-पुराने वस्त्रों वाले साधु-फ़क़ीर गुज़र गए—अब मेरी बारी है।

[6]

सरमद, तू पूरी दुनिया में अपने नेक कामों के नाते जाना जाता है। तूने कुफ्र को छोड़कर इस्लाम धारण किया। तुझे ख़ुदा के काम में क्या कमी नज़र आई जो अब तू राम नाम की माला जपने लगा!

सरमद को अपनी ही रुबाई याद आई और अपना पूरा

जीवन आँखों के सामने चलचित्र की तरह घूमने लगा।

पहले अरमानी-यहूदी, फिर मुस्लिम और अब हिन्दू!

सरमद जब अरब से हिन्दुस्तान की तरफ़ चला था तो वह एक धनी सौदागर था। उसे वह लड़का याद आया, जिससे सिंध के ठट्टा नामक क़स्बे में उसकी आँख लड़ गई थी। इस अलौकिक मोहब्बत में उसने अपनी सारी दौलत उड़ा दी। सरमद दीवानगी में चलते हुए जब दिल्ली की देहरी में घुसा तो एक नंगा फ़क़ीर था।

उसे वे धूल-भरे रास्ते याद आए, जिस से चलकर वह यहाँ पहुँचा था।

और सरमद को उस हिन्दू ज्योतिषी की याद आई जिसने उसकी हस्तरेखाएँ देखकर यह पहेलीनुमा भविष्यवाणी की थी :

तुम्हारे मज़हब के तीसरे घर में मृत्यु बैठी हुई है!

[7]

अगले दिन सरमद को क़त्ल करने के लिए जामा मस्जिद की सीढ़ियों पर ले जाया गया, जहाँ इतनी भीड़ थी कि पाँव धरने की जगह नहीं थी। कुछ तमाशा देखने तो अधिकतर अपने प्रिय सरमद की मौत पर आँसू बहाने आए थे। जामा मस्जिद की सबसे ऊँची सीढ़ी पर खड़े होकर सरमद ने यह शे'र पढ़ा :

शोरे शुद व अज़ ख़्वाबे अदम चश्म कशुदेम

दी देम कि बाकीस्त शबे फ़ितना गुनूदेम!

(एक शोर उठा और हमने ख़्वाबे-अदम से आँखें खोलीं तो देखा—कुटिल-रात्रि अभी शेष है और हम चिर-निद्रा के प्रभाव में हैं।)

इसके बाद अपनी गर्दन को जल्लाद के सामने झुकाकर सरमद फुसफुसाया :

आओ, तुम जिस भी रास्ते से आओगे, मैं तुझे पहचान लूँगा!

[8]

सरमद का कटा हुआ सर जामा मस्जिद की सीढ़ियों से नृत्य करता हुआ लुढ़कता रहा। सरमद के कटे हुए सर को उसके पीर हरे भरे शाह ने अपने आगोश में ले लिया। पवन पवन में मिल गई—जैसे कोई विप्लव थम गया हो!

[9]

मुस्लिम इतिहासकार वाला दागिस्तानी ने अपनी किताब में लिखा है कि वहाँ उपस्थित लोगों का कहना था कि जामा मस्जिद की सीढ़ियों से ज़मीन तक पहुँचते हुए सरमद के कटे हुए सर से यह आवाज़ निकलती रही :
ईल्लल्लाह ईल्लल्लाह ईल्लल्लाह और यह भी प्रवाद है कि सरमद के कटे हुए सर से बहते हुए लहू ने जामा मस्जिद की सीढ़ियों पर जो इबारत लिखी उसे इस तरह पढ़ा जा सकता था :

लाइलाहा लाइलाहा लाइलाहा!

[10]

इतिहास की किताबों में सरमद शहीद का ज़िक्र मुश्किल से मिलता है लेकिन जामा मस्जिद के सामने बने सरमद के मज़ार पर आज भी उसके चाहने वालों की भीड़ लगी रहती है। यह जुड़वाँ मज़ार है। हरे भरे शाह और शहीद सरमद के मज़ार। हरे भरे शाह और सरमद। जैसे निज़ामुद्दीन औलिया और अमीर ख़ुसरो। पीरो-मुरीद। एक हरा। एक लाल।
इनके बीच नीम का एक घेर-घुमावदार, पुराना वृक्ष है जिससे सारे साल इन

जुड़वाँ क़ब्रों पर नीम की निम्बोलियाँ टपकती रहती हैं।

और जब दिल्ली की झुलसा देने वाली गर्मी से राष्ट्रपति भवन के मुग़ल गार्डन के फूल मुरझाने और घास पीली पड़ने लगती है तब भी सरमद के मज़ार के आसपास हरियाली कम नहीं होती। सरमद की क़ब्र के चारों तरफ़ फूल खिले रहते हैं और घास हरी-भरी रहती है!

[11]

ख़ूने कि इश्क़ रेज़द हरगिज़ न बाशद

(इश्क़ में जो ख़ून बहता है वह कदापि व्यर्थ नहीं जाता!)

[2019]

सुनो प्रधानमंत्री

जैसे तुम इस देश के प्रधानमंत्री हो
वैसे ही मैं इस देश का नागरिक हूँ

पहले तुम अपना काग़ज़ दिखाओ
उसके बाद मैं अपना काग़ज़ दिखाऊँगा
जो आधा फट चुका है आधा जल चुका है
जिसके अक्षर धुँधले हो गए हैं और लगभग मिट चुके हैं

पहले अपना काग़ज़ दिखाओ
कि किन नागरिकों ने तुम्हें प्रधानमंत्री बनाया
और उससे पहले यह साबित करो
कि तुम इस देश के नागरिक हो

मैं कब पैदा हुआ था याद नहीं
कब मरूँगा कौन कह सकता है
मैं हूँ या नहीं कुछ पता नहीं
बस इतना याद है कि
मैं इसी भारत-भूमि पर पैदा हुआ था
और मेरी नाल यहीं गड़ी हुई है

यदि मैं इस देश का नागरिक नहीं हूँ तो
तुम इस देश के प्रधानमंत्री नहीं हो

और तुम उस देश के प्रधानमंत्री कैसे हो सकते हो जिसके तुम नागरिक नहीं

हम जो इस देश के नागरिक हैं
किसी को भी इस देश का प्रधानमंत्री बना सकते हैं लेकिन प्रधानमंत्री किसी को
इस देश का नागरिक नहीं बना सकता

सुनो प्रधानमंत्री!
इस देश के सवा सौ करोड़ नागरिकों के सामने
एक अकेले प्रधानमंत्री की क्या औक़ात है?

[2019]

एक मुट्ठी धूल

बनाना तो धूल बनाना
कोई रत्न नहीं

रत्नों के लुटेरे घूमते हैं अहर्निश
भारत-भूमि पर

लुटेरे जब लूटकर भागते हों
तो उड़ते हुए उनका पीछा कर सकूँ
उनकी आँखों में गिर सकूँ

बनाना मुझे मातृभूमि की
एक मुट्ठी धूल!

[2019]

डूब मरो

मैं तुम्हारे तलुओं पर
जैतून के तेल की मालिश करना चाहता हूँ

जिन हाथों से थामा था तुमने साइकिल का हैंडल

मैं उन हाथों को चूमना चाहता हूँ

गुरुग्राम से दरभंगा तक
अपने घायल पिता को कैरियर पर बिठाकर
ले जाने वाली स्वर्णपरी
मैं तुम्हारी जय-जयकार करना चाहता हूँ

तुम्हारी करुणा तुम्हारा प्यार तुम्हारा साहस देखकर हैरान हूँ आश्चर्य से खुली हुई हैं मेरी आँखें

मैं उन तमाम 33 कोटि देवी-देवताओं को
बर्ख़ास्त करना चाहता हूँ
जिन्होंने नहीं की तुम पर पुष्प-वर्षा

मोटर-गाड़ियों रेल-गाड़ियों और हवाई-जहाज़ों का आविष्कार क्या आततायियों अपराधियों और धनपशुओं के लिए किया गया था

इस महामारी में तुमने अपने चपल पाँवों से
1200 किलोमीटर तक भारतीय सड़कों पर सात-दिनों
तक जो महाकाव्य लिखा है वह पर्याप्त है इस देश के महाकवियों को शर्मिन्दा करने के लिए

डूब मरो शासको
डूब मरो कवियो
डूब मरो महाजनो

ओ, साइकिल चलाने वाली मेरी बेटी
मैं तुम्हें अन्तस्तल से प्यार करना चाहता हूँ!

[2020]

घर लौटते मज़दूर

जीने के लिए नहीं
हम मरने के लिए लौट रहे हैं

जीने के लिए तो हम आए थे इस महानगर में इतनी दूर

जहाँ हम मर-मर कर जीते रहे

रास्ते में मर जाएँगे
या हम पहुँच जाएँगे वहाँ
जहाँ हम पैदा हुए थे
जहाँ की मिट्टी में दबी हुई है हमारी नाल

जिस मिट्टी में खेलकर बड़े हुए
उसी मिट्टी में मिल जाना चाहते हैं

जीने तो नहीं दिया
क्या मरने भी नहीं दोगे

हम चल रहे हैं हम चले जा रहे हैं
रेल की पटरियों को और राजपथों को पीछे छोड़ते हुए
अपने देस अपने गाँव
पैदल और पाँव पाँव

हाथ के छालों से तो बेहतर हैं पाँव के छाले!

[2020]

ओह अगरतला

[1]

एक वंचित राजकुमार के गाँव का नाम है अगरतला

सचिन देब बर्मन भाग गया
पहले कलकत्ता फिर बम्बई
सारे मछुआरे चले गए उसके साथ
सारा संगीत
संगे-मरमर से बने हुए
वे सुचिक्कन श्वेत राज-महल
जलाशयों से और आदिवासियों की झोपड़ियों से घिरे हुए

बोडतल्ला (चोर) बाज़ार का नाम है अगरतला के जहाँ त्रिपुरा के मुख्यमंत्री नृपेन चक्रबर्ती सुबह-सुबह रिक्शा में बैठकर मछली ख़रीदने और बाज़ार करने आते थे कोई भूमि-सुधार नहीं, ईमानदारी ही ख्याति रही उनकी अन्त तक

1997 में गया था मैं अगरतला और जब 1999 में लौटा तो माणिक सरकार वहाँ का मुख्यमंत्री था

कितना पानी बह गया हाबड़ा नदी में
जो अगरतला को काटती है
जिस पर एक पुल है

जिसमें हर रोज़ कोई लाश मिलती थी 1998 में
त्रिपुरा आतंक से ढँकी हुई घाटी का नाम है
जिसकी राजधानी अगरतला है

त्रिपुरा के राजा ने पहचानी थी
किशोर रवींद्र की प्रतिभा
दिया था वज़ीफ़ा विदेश-यात्रा का

97 में साइकिल पर चलकर आता था माणिक सरकार दूरदर्शन के दफ़्तर वहीं केंटीन में खा लेता था खाना जिसे शायद वह सिगरेट पीने के लिए खाता होगा उसकी सरलता, सादगी, ईमानदारी के क़िस्से जनमानस में आज तक प्रसिद्ध हैं लेकिन उससे कोई नहीं पूछता कि तुमने 20 बरसों में क्या किया वही तस्करी, वही आतंक, वही हत्याएँ, वही दमन, वही ग़रीबी क्या किया तुमने

तुम्हारे सामने कोकबरोक जैसी ज़िन्दा ज़बान को ख़ामोश किया जाता रहा

प्रिय माणक सरकार,

लो सिगरेट पिओ और मेरी बात सुनो कॉमरेड,
मुख्यमंत्री मदर टेरेसा नहीं होता

ओह, वे कूपियों की झिल-मिल रोशनी से चमकते बाज़ार
वे तड़पती हुई मछलियाँ

आज 20 बरस बाद याद आया अगरतला
जो कभी अगर के अनगिनत वृक्षों से घिरा हुआ था
जिसकी धूम से कभी समूचा आर्यावर्त धूमायित रहता था!

[2]

अगरतला अब एक टूटी हुई बाँसुरी है

एक हरा-भरा फुटबॉल का मैदान
अब एक जुआघर है

उजड़ा हुआ एक चाय-बाग़ान

नाथ-पंथियों की प्राचीन रमण-स्थली

हिन्दुत्व की नई प्रयोगशाला

उड़ीसा और बंगाल से पहले
यह ताबूत की अनन्तिम कील है

जिस विजन-पथ से चोरी-छुपे तुम आती थी मिलने
त्रिपुर सुन्दरी,
वह अब लुटेरों की राह है!

[3]

रेलगाड़ी पहुँची अगरतला
मेरे लौट आने के बाद

ढाका और अगरतला के बीच जो चलती थी
वह बस बन्द हो गई होगी

चोर बाज़ार के नुक्कड़ पर बिकता
वह ज़हीन गाँजा
और सौ-सौ रुपये में बिकती
बांग्लादेश से तस्करी के जरिये आई सूती क़मीज़ें

मन्दिरों में नहीं
इलेक्शन बूथों के सामने औरतों की अति लंबी कतारें

नदियों को और सुन्दर बनाती हुईं नावें
ले चल पार
मेरे साजन हैं उस पार

जिस साल मैं लौटकर आया त्रिपुरा से
उस समय अगरतला में एक सोनमछरी पैदा हुई थी

बाँस और बाँसुरियों के देश में
अनन्नास अब तक रस से भर गए होंगे!

[2018]

गद्य की ग़ुरबत उर्फ़ छंदों को देश-निकाला

[1]

आज़ादी से कुछ वर्ष पहले
और तार-सप्तक के प्रकाशन के कुछ बाद
जब आधुनिक नागरी प्रचारिणी सभा ने
जारी किया यह फ़रमान कि छंद अब पुराने हुए
उनकी आभा मटमैली हुई
नए साहित्य में इनके लिए नहीं बचा कोई स्थान

उपेक्षित और अपमानित होकर
छंद निकल आए कविता से बाहर
छंद निकल आए हिन्दी भवन से बाहर

तब से भटक रहे हैं छंद
इस महादेश के रास्तों पर
गाड़िया लुहारों की तरह बंजारों की तरह यायावरों की
तरह बेरोज़गारों की तरह

वे सुनसान रास्तों से गुज़रते हैं
भटकते हैं वीरान रातों में
गीत गाते हुए मंजीरा बजाते हुए
लोहा गर्म करते हुए लोहा कूटते हुए

वे ठहर जाते हैं कभी किसी सुदूर गाँव में
किसी सुनार के सुरीले कंठ में
किसी जोगी के इकतारे में किसी स्त्री के रुदन में

वे करते हैं विश्राम
किसी बूढ़े पीपल किसी अश्वत्थ किसी नीम किसी बरगद की घनी छाँव में
पुरानी स्मृतियों में डूबे हुए!

[2]

छंद अब बेकार हुए
जैसे बेकार हुईं बैलगाड़ियाँ
जैसे बेकार हुए इक्के-ताँगे और पालकियाँ-डोलियाँ

केवल रिक्शे अभी भी बचे हुए हैं
जो चल रहे हैं शहर की सड़कों पर
त्रिष्टुप छंद के बल पर

साइकिल चलाते हुए बच्चे, मज़दूर और कुछ अभागे नागरिक अभी बचे हुए हैं
जो साध रहे हैं अपने चपल पाँवों का छंद

अपने ही देश में विस्थापित छंद
भटक रहे हैं पगडंडियों और धूल-भरे रास्तों पर
गिरते सँभलते और संतुलन साधते हुए!

[3]

अपने ही देश में जब छिन गई उनकी नागरिकता
तब देश निकाले का फ़रमान सुनकर
छंद चले जिप्सियों की तरह अपना देश छोड़कर

तब वेद-त्रयी भी चली उनके साथ
छंद मेरे पाँव हैं कहा वेद-त्रयी ने
वे जहाँ जाएँगे मुझे भी जाना होगा

छंद के छोटे-छोटे पहियों ने ढोया है मुझे
पाँच हज़ार वर्षों तक
मुझे स्मृति से अधिक बचाया है छंदों ने!

[4]

वेद-त्रयी चली तो
साथ-साथ चले सभी छंद
त्रिष्टुप चला अनुष्टुप चला
एकपदा द्विपदा और पंक्ति छंद भी चला साथ
अगाध चला वृहती चला गायत्री चला अष्टि चला
प्रगाध चला प्रस्तार चला शक्वरी चला और साथ में अत्यष्टि और अतिजागती
भी चला

मालिनी-मन्दाक्रांता जैसे वर्णिक छंद भी चले
रोला रूपमाला और दोहा चौपाई जैसे
मात्रिक छंद भी चले

त्रयी के पीछे-पीछे
आदिकवि वाल्मीकि चले
कालिदास चले तो उनके साथ उपमा चली

भारवि का अर्थ-गाम्भीर्य चला

सरहप्पा चले दोहाकोश के साथ
गोरख चले जोग जगाते हुए
अमीर ख़ुसरो भी चला साथ सितार बजाते हुए
दो सुखने गाते हुए
जायसी चले तो तुलसीदास भी चले
पद्मावत और रामचरितमानस चला साथ

कासी का जुलाहा भी चला
दोहा रमैनी और साखी के साथ
कबीर के साथ रैदास भी चले मीरा भी चली
नाचते हुए
मतिराम चले घनानंद चले गंग चले केशव चले
तुकाराम चले अभंग गाते हुए

मीर चले ग़ालिब चले सौदा चले ज़ौक़ चले
फ़िराक़ चले मजाज़ चले जोश चले
रवीन्द्र चले नज़रुल चले इक़बाल चले
पंत चले प्रसाद चले निराला चले महादेवी चली

और चले नागार्जुन

संगीत चला
और चला पदलालित्य

ऊँटों की सात क़तारें चलीं
प्राचीन पांडुलिपियाँ लादकर
कुमैत अश्वों का समूह चला सीमा पार करता हुआ!

[5]

'छंद अब पुराने हुए। आधुनिक समय की जटिलताओं, विडम्बनाओं और विरोधाभासों को छंद में व्यक्त करना अब असम्भव है। इस आधुनिक समय में भारतीय साहित्य को भी आधुनिक होना होगा। छंद अब अजायबघरों की वस्तु है। छंद कविता का अंधविश्वास है—इसे मिटाना होगा। छंद पिछड़ेपन की निशानी है। हमें पश्चिम की तरफ़ देखना होगा। सभी भारतीय भाषाओं को नए साहित्य और नई कविता का निर्माण करना होगा। खुली खिड़कियों से बाहर झाँकना होगा।'

आज़ादी के कुछ वर्ष बाद एथेंस की साहित्य-कला अकादमियों की नक़ल में बनी भारतीय साहित्य अकादमी के अध्यक्ष ने सारस्वत सभा में उक्त प्रस्ताव को पारित कराने के बाद कुछ अनुवादकों को कविता के पुरस्कार अर्पित किए। नई दिल्ली के कॉपरनिकस मार्ग पर अवस्थित रवीन्द्र भवन की तीसरी मंज़िल स्थित साहित्य अकादमी के कार्यालय के एक कक्ष में कपड़ों से बँधे पुराने दस्तावेज़ों में यह प्रस्ताव आज भी ज़रूर धूल खा रहा होगा!

[6]

इसके बाद पुताई ही कला थी। अनुकृति ही मूल थी। नॉवेल ही उपन्यास था। शॉर्ट स्टोरी ही कहानी थी। ड्रामा ही नाटक था। क्रिटिसिज़्म ही आलोचना थी। सटायर ही व्यंग्य था। एस्से ही निबन्ध था।

कला से आकृतियाँ ग़ायब थीं। कथा से क़िस्सागोई लुप्त थी। आलोचना से काव्यशास्त्र बेदख़ल था। कविता से वक्रोक्ति और रस नदारद था।

अब कोई रसिक नहीं था। कोई दर्शक नहीं था। कोई पाठक नहीं था। कोई भावक नहीं था।

यह एक नीच ट्रेजेडी थी। दारुण दुखान्तिका थी। अवर्णनीय अधोपतन था।

अब अनुवादक ही कवि था!

[7]

यूरोप से उठी
आधुनिकता की आँधी में
देखते-देखते
कविता कला में बदल गई जो कभी पंचमी विद्या थी

यदि कविता कला होती
तो कवि कलाकार होता
नहीं होता ब्रह्मा का सहोदर

कलाएँ चौंसठ थीं
जिसे उपविद्या में परिगणित किया था वात्स्यायन ने

आधुनिक वात्स्यायन के तार-सप्तक के बाद
कविता कलाकारी थी
कलाबाज़ी थी सरासर दग़ाबाज़ी थी
पूरब की परम्परा के साथ

कविता अब बढ़ई की खाट थी
अनुकरण का अनुकरण थी!

[8]

भटक रहे हैं छंद
पूरब से पश्चिम उत्तर से दक्षिण
दक्षिण से उत्तर पश्चिम से पूरब
अपने ही देश में उजड़े हुए अपने ही घर में पराये

चले जा रहे हैं छंद
जैसे घर लौटते बेरोज़गार मज़दूर

कई कुचलकर मर गए रेलगाड़ियों से
कइयों ने दम तोड़ दिया भूख से

नंगे-पाँव लहूलुहान

वे चल रहे हैं अनवरत और बिना थकान
छंद से कट रहे हैं छंद
गिरते-पड़ते गाते-गुनगुनाते
चले जा रहे हैं छंद!

[9]

देखकर कवियों का कारवाँ
काव्यशास्त्रकार भी चले पीछे-पीछे

भरतमुनि चले
भामह चले भरत चले
काव्यमीमांसा वाले राजशेखर चले
आनन्दवर्धन मम्मट दंडी चले
क्षेमेन्द्र कुंतक और अभिनव गुप्त
पंडितराज जगन्नाथ चले

अलंकार रस रीति ध्वनि वक्रोक्ति
सभी सम्प्रदाय चले
छंदों के कारवाँ के साथ
नदियों पहाड़ों और रेगिस्तान से गुज़रते हुए!

[10]

क्या सरस्वती नदी की तरह विलुप्त हुई कविता
इस धरा-धाम से
क्या मिट गईं पाँच हज़ार वर्ष पुरानी स्मृतियाँ
क्या छिन गया हमसे हमेशा के लिए
कविता का ऐश्वर्य!

क्या अब गुज़र-बसर करनी होगी
गद्य की ग़ुरबत में!

[11]

फिर कब खिलेंगे इस मरुभूमि में
कविता के पुष्प

फिर कब बरसेगा
अटूट पानी धारासार
फिर कब होगी यह वसुन्धरा छंदमय!

[2020]